人民精神生活共同富裕研究

RESEARCH ON THE COMMON PROSPERITY OF
PEOPLE'S SPIRITUAL LIFE

白勤　等　著

社会科学文献出版社
SOCIAL SCIENCES ACADEMIC PRESS (CHINA)

前　言

　　党的二十大召开之际，回顾新时代这十年，习近平总书记深刻总结："党的十八大以来，党中央团结带领全党全国各族人民，攻克了许多长期没有解决的难题，办成了许多事关长远的大事要事，经受住了来自政治、经济、意识形态、自然界等方面的风险挑战考验，党和国家事业取得历史性成就、发生历史性变革，为实现中华民族伟大复兴提供了更为完善的制度保证、更为坚实的物质基础、更为主动的精神力量。"[①] 在新时代新征程中，我们党要充分发挥我国社会主义制度能够集中力量办大事的显著优势，创造实现新的更高目标的雄厚物质基础，努力汇聚起以中国式现代化全面推进中华民族伟大复兴的磅礴精神力量。

　　推进中国式现代化必须增强人民精神力量，说到底，就是要促进人民精神生活共同富裕。共同富裕是社会主义的本质要求，人民精神生活共同富裕是促进共同富裕总的思路中的重要内容。党的二十大将"丰富人民精神世界，实现全体人民共同富裕"列为中国式现代化的本质要求之一。为什么如此重视人民精神世界呢？因为"我们说的共同富裕是全体人民共同富裕，是人民群众物质生活和精神生活都富裕"[②]。正是从这个意义上，习近平总书记对"人民精神生活共同富裕"[③] 这一重要要求作出思想、价值、教育、数字等领域的全面阐释，保障物的全面丰富和人的全面发展，引导人们坚定道路自信、理论自信、制度自信、文化自信，促进全体人民

---

① 任仲平：《十年砥砺奋进 绘写壮美画卷——写在党的二十大胜利召开之际》，《人民日报》2022 年 10 月 15 日，第 1 版。

② 《习近平谈治国理政》（第四卷），北京：外文出版社，2022，第 142 页。

③ 《习近平关于社会主义精神文明建设论述摘编》，北京：中央文献出版社，2022，第 239 页。

在思想上精神上紧紧团结在一起，筑牢信仰之基、补足精神之钙、把稳思想之舵，彰显自信自强、守正创新、踔厉奋发、勇毅前行的精神风貌和实践智慧。

在新时代全面建设社会主义现代化国家新征程中，人民精神生活共同富裕是贯通全面建设社会主义现代化国家的价值红线。人民精神生活共同富裕是对全体人民共同富裕作为中国式现代化内涵的精准论证，既是共同富裕艰辛探索阶段的时代注解，也是共同富裕扎实推动阶段的内在要求；人民精神生活共同富裕的提出反映了中国共产党对新发展阶段社会主要矛盾带来的新特征新要求的精深把握，人民精神生活存在短板是新阶段新矛盾的具体表现，实现精神生活高质量发展是新阶段新任务的重要内容；人民精神生活共同富裕符合对以中国式现代化全面推进中华民族伟大复兴中心任务的精良设计，推进中华文化复兴是实现中华民族伟大复兴的题中之义，推进精神生活共同富裕是中华民族伟大复兴的必要条件；人民精神生活共同富裕是对推动构建人类命运共同体、创造人类文明新形态的精细探索，具有鲜明精神价值指向的中国特色"人类文明新形态"是对资本主义文明的超越，拥有区别于资本主义现代化的鲜明特征。

价值感是民族精神命脉的重要组成部分。在统筹推进"五位一体"总体布局中，文化是重要内容；在满足人民日益增长的美好生活需要中，文化是重要因素。习近平总书记指出，"文明是现代化国家的显著标志""要把提高社会文明程度作为建设社会主义文化强国的重大任务"①。要以中华优秀传统文化赋予人民精神生活共同富裕的中国特色，以社会主义意识形态凝聚人民精神生活共同富裕的思想共识，以崇德向善道德境界营造人民精神生活共同富裕的向上氛围，以充盈富足精神财富丰富人民精神生活共同富裕的优质供给，进而发展文化事业，打牢文化根基，促使满足人民精神文化需求、保障人民文化权益、增强人民精神力量相统一，让人民享有更加充实、更为丰富、更高质量的精神文化生活，推进社会主义文化强国建设。

---

① 习近平：《论把握新发展阶段、贯彻新发展理念、构建新发展格局》，北京：中央文献出版社，2021，第402页。

教育是实现新时代人民精神生活共同富裕美好愿景的重要力量。以教育的高质量发展服务经济社会高质量发展是最终办好人民满意教育的重要任务。建设教育强国是一项复杂的系统工程，需要"全面把握教育的政治属性、人民属性、战略属性"①。当今中国教育总体发展水平进入世界中上行列，教育的国际影响力稳步增强，中国教育已经进入提高质量、优化结构、促进公平的新阶段。必须加强党对教育工作的全面领导，全面落实立德树人根本任务，扎根中国大地办教育，加快建设高质量的德育体系、涵养奋斗精神、优化人文教育体系，全面提升人民道德素养、改善人民精神风貌，实现人的自由而全面的发展，形成新时代新格局、新风貌、新生活，以教育的高质量发展塑造全体人民团结奋斗的思想基础、开拓进取的主动精神、健康向上的价值追求，在加快推进教育现代化的新征程中培养担当民族复兴大任的时代新人。

数字是深度融入人类精神生活的全新要素。进入21世纪以来，世界进入数字化快速发展的时期，全球科技创新也进入空前密集活跃的时期，5G、人工智能、智慧城市等新技术、新业态、新平台加速突破应用，正在重构人们的物质与精神生活方式。数字承载着人类对美好未来的无限憧憬。必须加快推动数字时代互联互通，以数字经济推进国家文化繁荣和全民精神富有，以数字社会推动精神文化资源共创共享共生，以数字生活助力全面提升广大人民精神素养，以数字领域国际合作构建开放包容精神世界，妥善应对数字进步带来的规则冲突、社会风险、伦理挑战，让数字化、网络化、智能化为经济社会发展注入新动力，谱写人民精神生活共同富裕新篇章。

① 习近平：《加快建设教育强国》，《求是》2025年第11期。

目　录

第一章　人民精神生活共同富裕的研究概述

共同富裕是社会主义的本质要求，内在地包含了物质和精神的双富裕。当前，我国已经实现第一个百年奋斗目标，人民的物质生活得到极大改善。在实现第二个百年奋斗目标的新征程中，我们党提出了"人民精神生活共同富裕"① 这一关键命题，这成为我们党奋力实现的重要目标。人民精神生活共同富裕是指在物质生活得到一定程度发展的基础上，人民开始转向精神生活层面，追求全方位、多层次、多元化的精神格局，并达到自身精神富足的状态，最终实现人的全面发展。在新的赶考路上，准确把握"人民精神生活共同富裕"这一命题的研究背景与研究意义，并根据其现实境遇探索其实践要义，对于提高人民生活质量具有实质性意义。

第一节　研究背景与研究意义

党的二十大报告指出："中国式现代化是物质文明和精神文明相协调的现代化。"② 实现共同富裕是全体中国人民的美好价值追求和重要奋斗目标，共同富裕既包括物质生活的富足，也包含精神生活的充实。

一　研究背景

2021 年 8 月，习近平总书记在中央财经委员会第十次会议上提出，"共同富裕是社会主义的本质要求，是中国式现代化的重要特征。我们说

---

① 《习近平关于社会主义精神文明建设论述摘编》，北京：中央文献出版社，2022，第 239 页。
② 习近平：《高举中国特色社会主义伟大旗帜　为全面建设社会主义现代化国家而团结奋斗——在中国共产党第二十次全国代表大会上的报告》，北京：人民出版社，2022，第 22 页。

的共同富裕是全体人民共同富裕，是人民群众物质生活和精神生活都富裕"①，这一重要论述为扎实推动人民精神生活共同富裕提出了新的要求。对人民精神生活共同富裕展开研究的背景有以下几方面。

第一，对习近平总书记关于社会主义精神文明建设重要论述的深入研究。党的十八大以来，以习近平同志为核心的党中央高度重视社会主义精神文明建设，推动精神文明建设领域发生全面、深刻、根本性的变化。2022年中央文献出版社出版《习近平关于社会主义精神文明建设论述摘编》，系统梳理习近平总书记关于精神文明建设的重要论述，对人民精神生活发展提出更高要求。实现人民精神生活共同富裕，是基于对党和国家前途命运的深刻把握，是基于对中国特色社会主义现代化建设历程的深刻总结，也是基于对人民生活福祉的深刻体悟。

第二，社会主要矛盾发生转化的现实状况。中国特色社会主义进入新时代，我国社会主要矛盾已经转化为人民日益增长的美好生活需要和不平衡不充分的发展之间的矛盾。经过长期努力，中国特色社会主义取得重大成就，人民物质生活水平显著提高，但精神领域发展仍然存在不足。一方面，人民群众的需求呈现多样化、多层次、多方面的特点。随着物质生活共同富裕的持续推进，人民群众对精神需求的关注日益凸显，期盼有更丰富的精神文化生活，精神生活共同富裕已成为推动全体人民共同富裕取得更为明显的实质性进展的重要内容。另一方面，我国发展不平衡不充分问题的一个重要体现就是经济发展状况整体较好，但文化建设相对滞后，这成为限制人民美好生活需要得到满足的主要因素。

第三，西方对我国的文化渗透和思想侵蚀的现实挑战。世界范围内各种思想文化交流交融交锋呈现多维深化趋势。我国社会正处于思想范式多元互竞、价值观念深度重构、文化形态跨界融合的历史转型期。当前，不同意识形态之间的对立和较量，本质上是不同核心价值观的对立和较量。一些西方国家凭借强势的话语权，对我国意识形态进行渗透、攻击和破坏，容易导致人们对国家、民族、文化的认同出现危机，出现"淡化意识形态"的倾向。针对西方这种蓄意而为的思想侵蚀，我们党必须不断推进

① 《习近平著作选读》（第二卷），北京：人民出版社，2023，第501页。

人民精神生活共同富裕,使人民群众保持思想上的清醒和精神上的独立,立足中国现实,坚定文化自信,让中华民族的优秀文化成为国家发展的持久力量。

二　研究意义

研究"人民精神生活共同富裕的实现",有利于发展马克思主义唯物史观,也有利于系统梳理和把握中国共产党人精神文明建设思想,同时有助于更好地满足人民对美好精神生活的向往,实现中华民族伟大复兴的中国梦。

（一）理论意义

一方面,有利于发展马克思主义唯物史观。人民精神生活共同富裕创新和发展了马克思恩格斯提出的关于精神生活、共同富裕、人的全面发展等的核心命题。马克思主义认为,人能够通过自觉性的精神活动和交往,展现人的自我意识和精神意志,而人民精神生活共同富裕是人的精神特质、精神需求和精神追求的深刻体现。从这个意义上说,研究人民精神生活共同富裕既是对马克思主义唯物史观的时代注解,也能在一定程度上推进马克思主义唯物史观的发展。

另一方面,有利于梳理和把握中国共产党人精神文明建设思想。"历史认知是历史自信的重要基础。"[1] 中国共产党人在不同历史时期都强调精神文明建设的重要性,并坚持用马克思主义引领中国人民精神生活发展。梳理中国共产党人在不同历史时期对精神文明建设的重要论述,不仅能够体现中国共产党人在百年奋斗历程中对马克思主义唯物史观的坚持,研析中国共产党人带领中国人民取得的精神文明建设成就,而且能坚定历史自信、筑牢历史记忆,从中总结出新时代以习近平同志为主要代表的中国共产党人对精神文明建设的新观点,这对于从历史维度把握中国共产党人的精神文明建设思想具有重要的意义。

（二）实践意义

一方面,有利于更好地满足人民对美好精神生活的向往。人民的精神

---

[1]《习近平谈治国理政》（第四卷）,北京:外文出版社,2022,第546页。

需要是无限的、丰富的、广泛的，不同国家、不同群体、不同阶层的人民的精神需要也不同。推进人民精神生活共同富裕有利于满足人民多样化、多元化的精神需要，特别是能够满足人民的知识需要、心理健康需要、审美需要、道德情感需要和理想信念需要等高层次的需要。因此，研究人民精神生活共同富裕的实践路径不仅能够满足人民对精神生活日益增长的需要，而且也能够为其他国家的精神富裕提供重要的借鉴。

另一方面，有利于实现中华民族伟大复兴的中国梦。当前，我们正在向第二个百年奋斗目标进军，要以中国式现代化全面推进中华民族伟大复兴。中国式现代化是物质文明和精神文明相协调的现代化，只有实现精神文明极大发展，才能实现中华民族伟大复兴，铸就中华文化新辉煌。建设社会主义文化强国，必然需要人民精神世界充盈、文化事业和文化产业优质丰富，而人民精神生活共同富裕的内涵与之高度契合。此外，人民精神生活共同富裕是实现中华民族伟大复兴的强大精神动力。要着力研究人民精神生活共同富裕在新时代的现实困境以及实践路径，增强文化自觉、坚定文化自信，推动形成强大的文化软实力、文明的社会氛围、富足的精神世界。这些精神文化力量关乎中华民族复兴大业。

第二节　重要文献研究述评

实现共同富裕一直是中国共产党不懈奋斗的目标。当前，共同富裕已进入扎实推动期，在保证物质富裕持续推进的同时，精神富裕成为实现人民美好生活新的着力点。此前，学界已有关于"精神富裕""精神脱贫""精神需求"等的研究，但正式使用"人民精神生活共同富裕"相关表述的研究相对较少。2021年8月，中央财经委员会第十次会议首次明确提出"促进人民精神生活共同富裕"[①] 的重要命题，明确了党和国家推进共同富裕的新抓手，相关研究逐渐丰富、成熟起来。

一　国内研究现状

关于人民精神生活共同富裕，学术界从不同的角度进行了研究，现有

---

① 《习近平谈治国理政》（第四卷），北京：外文出版社，2022，第146页。

研究成果主要围绕其科学内涵、生成逻辑、价值意蕴、现实困境和实践路径等问题展开。

（一）关于人民精神生活共同富裕内涵的研究

学术界主要从三个方向对人民精神生活共同富裕内涵进行了研究。一是从人民精神生活共同富裕与共同富裕、物质生活的关系的角度探究其内涵。刘向军[①]，李辉、张议丹[②]，欧庭宇[③]认为物质生活富裕和精神生活富裕是共同富裕的两个重要维度，二者是相互融合、相互促进的，其中，物质生活对精神生活具有决定性作用，精神生活具有相对独立性。二是从人民精神生活共同富裕的具体表现形式的角度来把握其内涵。项久雨、马亚军[④]将人民的安全感作为精神生活共同富裕的基础层次、将获得感作为较高层次、将幸福感作为最高层次，并指出三者是相互联系、相互作用、缺一不可的。王金、孙迎联[⑤]，燕连福[⑥]从主体、内容、方法、推进等层面指出人民精神生活共同富裕具有对象全民性的主体结构、全面联动性的内容统筹、参与能动性的实现方式、渐进分阶段的推进样态。三是从人民精神生活共同富裕的宏观体现的角度来把握其内涵。马振清、毛玉娟[⑦]，孙迪亮、张学亮[⑧]，段妍、刘冲[⑨]从国家、社会、公民三个层面阐释了人民精神生活共同富裕的目标要求。

---

① 刘向军：《促进人民群众物质生活和精神生活共同富裕》，《红旗文稿》2023 年第 5 期。
② 李辉、张议丹：《精神生活共同富裕的价值意蕴与实践路径》，《思想教育研究》2023 年第 5 期。
③ 欧庭宇：《精神生活共同富裕的基本向度》，《理论导刊》2022 年第 11 期。
④ 项久雨、马亚军：《人民精神生活共同富裕的时代内涵、层次结构与实现进路》，《思想理论教育》2022 年第 6 期。
⑤ 王金、孙迎联：《精神生活共同富裕的内涵要义、现存问题与优化路径》，《理论探索》2023 年第 1 期。
⑥ 燕连福：《习近平关于精神生活共同富裕重要论述的生成逻辑、核心要义和实践路径》，《思想战线》2022 年第 5 期。
⑦ 马振清、毛玉娟：《促进人民精神生活共同富裕：时代背景、目标要求与实践路径》，《毛泽东研究》2022 年第 5 期。
⑧ 孙迪亮、张学亮：《人民精神生活共同富裕的样态要求与建构逻辑》，《当代世界社会主义问题》2023 年第 1 期。
⑨ 段妍、刘冲：《精神生活共同富裕：生成逻辑、时代内涵与现实进路》，《教学与研究》2023 年第 3 期。

（二）关于人民精神生活共同富裕生成逻辑的研究

对于人民精神生活共同富裕生成逻辑，大部分学者从理论逻辑、现实逻辑、历史逻辑的角度进行了研究。一是理论逻辑。辛世俊、王丹①，魏泳安②从唯物史观的视角出发，认为人民精神生活共同富裕是马克思主义的题中应有之义，并从毛泽东思想、中国特色社会主义理论体系中寻求理论逻辑。郭玉杰、卢黎歌③从西方的精神危机和中华优秀传统文化中探寻人民精神生活共同富裕的理论智慧。二是现实逻辑。燕连福④、杨勇兵⑤立足中国、放眼世界，指出人民精神生活共同富裕是新时代人民群众精神生活新发展的总结和升华，是扎实推动共同富裕的现实要求，是人类文明新形态的重要表征。三是历史逻辑。王洪波⑥、刘旭雯⑦认为精神生活共同富裕是中国共产党长期奋斗的历史目标，并简要梳理了中国共产党成立后、中华人民共和国成立后、改革开放后、新时代四个不同历史阶段我们党对人民精神生活共同富裕的探索历程。

（三）关于人民精神生活共同富裕价值的研究

在对人民精神生活共同富裕价值的研究中，学界主要是从对现实问题的解决和回应方面探究人民精神生活共同富裕的实践价值，但也有少数学者从对马克思主义精神生活理论、人的全面发展理论的丰富方面探究其理论价值。一是实践价值。赵丽涛⑧立足个人，认为实现人民精神生活共同

① 辛世俊、王丹：《试论人民精神生活共同富裕的内涵与实践路径》，《社会主义核心价值观研究》2021年第6期。
② 魏泳安：《唯物史观视域下的精神生活共同富裕》，《社会主义核心价值观研究》2022年第3期。
③ 郭玉杰、卢黎歌：《精神生活共同富裕的出场逻辑》，《理论月刊》2022年第11期。
④ 燕连福：《习近平关于精神生活共同富裕重要论述的生成逻辑、核心要义和实践路径》，《思想战线》2022年第5期。
⑤ 杨勇兵：《精神生活共同富裕的生成逻辑、科学内涵与实践路径》，《党政研究》2022年第5期。
⑥ 王洪波：《实现人民物质生活与精神生活共同富裕：理论支撑、探索历程和实践方略》，《社会科学辑刊》2023年第2期。
⑦ 刘旭雯：《精神生活共同富裕：发轫逻辑、认知结构和实践进路》，《南昌大学学报》（人文社会科学版）2022年第6期。
⑧ 赵丽涛：《论精神生活共同富裕与丰富人民精神世界》，《科学社会主义》2023年第2期。

富裕是丰富人的精神世界的有效途径。廖小琴[①]、罗会德[②]、欧庭宇[③]立足当代中国发展实际，认为推进人民精神生活共同富裕能够应对我国社会主要矛盾的变化、提升中国式现代化的内涵、增强实现中国梦的精神力量、超越西方现代化精神生活模式。还有部分学者聚焦人民精神生活共同富裕在具体领域发挥的重要作用，张鑫炎[④]着眼于社会主义核心价值观，认为人民精神生活共同富裕是社会主义共同富裕不可或缺的内容。二是理论价值。黄鑫权[⑤]、孙开[⑥]认为人民精神生活共同富裕深化了对精神生活与物质生活、社会发展与人的全面发展的关系问题的认识，创新发展了马克思主义精神生活生产理论。

（四）关于人民精神生活共同富裕困境的研究

学界主要从理论困境（认知模糊）与现实困境两个方面研究了人民精神生活共同富裕的困境。一是理论困境。"精神生活共同富裕"是一个相对抽象的概念，对其概念、表现形式的界定以及对其评价指标体系的构建都具有较高的难度，学界认为精神生活共同富裕在理论层面主要存在认知模糊和理论模糊两个问题。李建国、严春蓉[⑦]指出精神生活共同富裕的核心要义亟待理论澄清：对精神生活共同富裕的阐释存在理论难度大（抽象）、精神生活共同富裕问题容易被遮蔽（无形）、大众对精神生活共同富裕的理解存在偏差（翻版或同义词替换）等问题。王金、孙迎联[⑧]，张

① 廖小琴：《精神生活共同富裕的价值意蕴、科学内涵与衡量指标》，《思想理论教育》2023年第6期。
② 罗会德：《促进人民精神生活共同富裕的时代价值与路径选择》，《西南民族大学学报》（人文社会科学版）2022年第12期。
③ 欧庭宇：《精神生活共同富裕的基本向度》，《理论导刊》2022年第11期。
④ 张鑫炎：《精神生活共同富裕的社会主义核心价值观之维》，《思想政治教育研究》2022年第4期。
⑤ 黄鑫权：《习近平关于精神生活共同富裕重要论述的三重价值向度》，《学习论坛》2022年第5期。
⑥ 孙开：《精神生活共同富裕的基本前提、核心要义与价值依归》，《当代经济管理》2023年第8期。
⑦ 李建国、严春蓉：《论精神生活共同富裕的理论意涵及其实践路径》，《科学社会主义》2022年第4期。
⑧ 王金、孙迎联：《精神生活共同富裕的内涵要义、现存问题与优化路径》，《理论探索》2023年第1期。

驰①，潘玉腾、金程远②认为目前我们对人民精神生活共同富裕的认知不够清晰，主要表现为部分人民群众对精神富裕的概念、特征理解不足或对精神富裕的追求不足。二是现实困境。大多数学者从这个角度分析了人民精神生活共同富裕的制约因素，大体上从物质生活制约、精神生活的供给不足、精神生活的分配不均三个方面进行了研究。周泉、刘同舫③，罗会德④，刘旭雯⑤指出物质发展的不平衡不充分直接制约了精神生活的发展，精神生活甚至出现了物化、异化的问题。罗会德⑥，欧庭宇⑦，柏路、包崇庆⑧聚焦文化供给，提出精神生活方面的供给能力不足，我国文化建设和文化产业发展不平衡、不充分，极大影响了人民精神生活水平的提高；欧庭宇⑨，郑玉豪、朱小玲⑩聚焦价值供给，认为现阶段舆论环境中主流文化与亚文化混杂，各种思想激荡，文化消费主义等错误思潮挑战精神文明建设秩序，人民精神生活的价值引领不足。廖小琴⑪，李建国、严春蓉⑫，傅才武、高为⑬指出精神生活发展的制约因素之一就是精神生活公共化发展不足，共建共享能力亟须全面增强，主要表现为区域和城乡文化资源

① 张驰：《新时代精神生活共同富裕的新语境和新要求》，《马克思主义理论学科研究》2023年第1期。
② 潘玉腾、金程远：《精神生活共同富裕的理论意蕴与实践路径》，《福建师范大学学报》（哲学社会科学版）2023年第2期。
③ 周泉、刘同舫：《中国共产党对精神生活共同富裕的科学认知与价值追求》，《探索》2022年第5期。
④ 罗会德：《促进人民精神生活共同富裕的时代价值与路径选择》，《西南民族大学学报》（人文社会科学版）2022年第12期。
⑤ 刘旭雯：《精神生活共同富裕：发轫逻辑、认知结构和实践进路》，《南昌大学学报》（人文社会科学版）2022年第6期。
⑥ 罗会德：《促进人民精神生活共同富裕的时代价值与路径选择》，《西南民族大学学报》（人文社会科学版）2022年第12期。
⑦ 欧庭宇：《精神生活共同富裕的基本向度》，《理论导刊》2022年第11期。
⑧ 柏路、包崇庆：《精神生活共同富裕的文化之维》，《思想理论教育》2022年第12期。
⑨ 欧庭宇：《精神生活共同富裕的基本向度》，《理论导刊》2022年第11期。
⑩ 郑玉豪、朱小玲：《文化消费主义对精神生活共同富裕的阻碍及其应对》，《云南大学学报》（社会科学版）2023年第1期。
⑪ 廖小琴：《思想政治教育促进精神生活共同富裕的逻辑理路》，《思想理论教育》2022年第6期。
⑫ 李建国、严春蓉：《论精神生活共同富裕的理论意涵及其实践路径》，《科学社会主义》2022第4期。
⑬ 傅才武、高为：《精神生活共同富裕的基本内涵与指标体系》，《山东大学学报》（哲学社会科学版）2022年第3期。

的空间分配不均衡。

（五）关于人民精神生活共同富裕路径的研究

学界主要从人民精神生活的需求、分配和供给三个方面入手提出了精神生活共同富裕的实现路径。其一，形成精神生活富裕的主体自觉。潘玉腾、金程远[1]，王金、孙迎联[2]指出应以需求赋能，弘扬奋斗精神，人民群众是促进精神生活共同富裕这一工作的承担者和推动者，要调动人民群众的主体自觉性，不断激发内生动力。其二，促进精神产品和服务均衡分配。刘旭雯[3]指出基于东西部精神文化生活领域的差距，要促进精神生活共同富裕均衡发展；李建国、严春蓉[4]提出要从抓住重点、促进交流、发展特色入手去缩小差距，促进全民精神生活共同富裕均衡且充分发展。其三，提供优质丰富的精神生活相关产品。多数学者从国家和社会两个层面提出实现人民精神生活共同富裕的路径。项久雨、马亚军[5]，刘影[6]，燕连福[7]，代玉启[8]认为促进人民精神生活共同富裕必须依靠党和国家、社会、人民群众的共同努力。社会要注重价值引领，加强精神文明宣传，营造向上向善的舆论环境；国家要继续推进物质生活共同富裕，以人民为中心，不断完善公共文化服务体系，提高文化产品和服务质量。还有部分学者从文化、社会主义核心价值观、思想政治教育等微观层面提出人民精神生活共同富裕的实践路径。夏海燕[9]，柏路、包崇庆[10]认为要发展社会主义先进

① 潘玉腾、金程远：《精神生活共同富裕的理论意蕴与实践路径》，《福建师范大学学报》（哲学社会科学版）2023 年第 2 期。
② 王金、孙迎联：《精神生活共同富裕的内涵要义、现存问题与优化路径》，《理论探索》2023 年第 1 期。
③ 刘旭雯：《精神生活共同富裕：发轫逻辑、认知结构和实践进路》，《南昌大学学报》（人文社会科学版）2022 年第 6 期。
④ 李建国、严春蓉：《论精神生活共同富裕的理论意涵及其实践路径》，《科学社会主义》2022 年第 4 期。
⑤ 项久雨、马亚军：《人民精神生活共同富裕的时代内涵、层次结构与实现进路》，《思想理论教育》2022 年第 6 期。
⑥ 刘影：《论精神生活共同富裕与人的全面发展》，《世界社会主义研究》2022 年第 10 期。
⑦ 燕连福：《习近平关于精神生活共同富裕重要论述的生成逻辑、核心要义和实践路径》，《思想战线》2022 年第 5 期。
⑧ 代玉启：《推进精神生活共同富裕的理与路》，《社会科学家》2022 年第 11 期。
⑨ 夏海燕：《论精神生活共同富裕的文化路径》，《江苏社会科学》2022 年第 6 期。
⑩ 柏路、包崇庆：《精神生活共同富裕的文化之维》，《思想理论教育》2022 年第 12 期。

文化、弘扬革命文化、传承中华优秀传统文化以满足人民日益增长的精神文化需求；燕连福、周祎①，黄蓉生②，夏锋③，李忠军④指出，社会主义核心价值观通过引领社会文明程度提升、文化发展、基层治理和评价反馈体系优化促进人民精神生活共同富裕；廖小琴⑤，黄鑫权⑥，王习胜、狄瑞波⑦认为要以思想政治教育为中介，以其高质量发展、现代化发展、守正创新助推精神生活共同富裕的实现。

二　国外研究现状

国外关于人民精神生活共同富裕的研究尚不多见，但国外关于"人的精神生活""共同富裕"的研究，能够为本书提供一定的参考。

（一）关于人的精神生活的研究

第一，关于精神生活内涵的研究。德国哲学家 Rudolf Eucken 较早地进行了对人的精神生活问题的专门研究。他指出，精神生活并不是一种自然延续的进化，或一种可以遗传的本能，也不是能从日常活动的经验中获得的东西。对于每个个体而言，对精神生活的追求一开始都是外在的，个体必须穷尽努力，才能重新占有和主导精神生活，获得人的精神个性。

第二，关于精神生活需求的研究。英国现代著名的文化人类学家马林诺斯基从文化人类学的角度提出了一些关于需要的观点。他认为需要是指群体和个体生存的必要条件。他把人的需要划分为三个不同的层次：基本

---

① 燕连福、周祎：《以社会主义核心价值观引领人民精神生活共同富裕的三重向度》，《思想理论教育导刊》2023 年第 4 期。
② 黄蓉生：《用社会主义核心价值观引领精神生活共同富裕》，《西南大学学报》（社会科学版）2023 年第 1 期。
③ 夏锋：《社会主义核心价值观引领人民精神生活共同富裕的意义、机制与路径探赜》，《山东师范大学学报》（社会科学版）2022 年第 4 期。
④ 李忠军：《社会主义核心价值观与人民精神生活共同富裕》，《社会主义核心价值观研究》2022 年第 6 期。
⑤ 廖小琴：《思想政治教育促进精神生活共同富裕的逻辑理路》，《思想理论教育》2022 年第 6 期。
⑥ 黄鑫权：《思想政治教育助推精神生活共同富裕逻辑分析》，《中学政治教学参考》2022 年第 44 期。
⑦ 王习胜、狄瑞波：《"促进人民精神生活共同富裕"的思想政治教育意蕴》，《思想理论教育导刊》2022 年第 7 期。

的需要（生物需要）、派生的需要（社会需要）和整合的需要（精神需要）。其中，整合的需要主要包括对文艺、娱乐、巫术、宗教及科学等制度的需要。

第三，关于精神价值的研究。Nick Stratton[1] 通过对"精神繁荣"的界定，强调通过进行扩展性学习去发展各种相关的心智能力；William Clayton Bower[2]、Zakiyulfikri Ali、Muhammad Zaky[3]，Ugli Nabiev Mansur Jamkhur 等[4]对教育中的"精神价值观"进行了研究，并强调"精神价值观"对生活质量、领导力量等具体方面具有重要的影响，指出需要形成一种强大的精神，从根本上改变人们对生活的态度、对行为和活动的态度，使他们形成新的视野和世界观。

（二）关于共同富裕的研究

第一，对资本主义社会两极分化问题的反思。亨利·乔治[5]认为个人积累巨额财产、提升奢侈程度，会使富裕之家和贫困之家的差距更大。

第二，对中国共同富裕问题的审视。Nanak Kakwani 等[6]分析了中国劳动力市场、社会福利政策与共同富裕之间的关系，提出中国要促进区域间劳动力市场的整合，认为这样"不仅有助于提高劳动生产率，而且能够增强高公平性"。

第三，研究方法上注重量化研究。Camelia Minoiu、Sanjay G. Reddy[7]利用相关数据分析了 1990~2004 年消费水平对中国贫困状况的影响，从而

[1] N. Stratton, "Spiritual Prosperity and Learning Theory", *Research in Post-Compulsory Education* 16 (2011): 215-229.

[2] W. C. Bower, *Moral and Spiritual Values in Education: A Challenge to Every American* (The University Press of Kentucky, 2015), p. 201.

[3] Z. Ali, & M. Zaky, "Spiritual Values and Spiritual Practices: Interactive Effects on Leadership Effectiveness", *Etikonomi* 17 (2018): 123-134.

[4] U. N. M. Jamkhur et al., "Processes of Modernization of Social and Spiritual Values", *Asian Journal of Research in Social Sciences and Humanities* 11 (2021): 273-282.

[5] 〔美〕亨利·乔治：《进步与贫困》，吴良健、王翼龙译，北京：商务印书馆，2010，第19页。

[6] N. Kakwani, X. Wang, N. Xue et al., "Growth and Common Prosperity in China", *China World Economy* 30 (2022): 28-57.

[7] C. Minoiu, S. G. Reddy, *Chinese Poverty: Assessing the Impact of Alternative Assumptions* (Review of Income and Wealth, 2008), pp. 572-596.

肯定了中国脱贫取得的成就。

三 研究现状评述

"人民精神生活共同富裕"作为一个新命题、新概念，已成为学术界的研究热点。人民精神生活共同富裕的研究视角颇为丰富，同一视角下的研究成果也得到多维呈现，但对"人民精神生活共同富裕"的研究还存在一定的完善空间，具体表现在以下几个方面。

第一，对人民精神生活共同富裕的整体性研究有待加强。现有研究多聚焦文化、社会主义核心价值观等具体领域，系统性较弱。人民精神生活共同富裕需要国家、社会、公民等多方面共同发挥作用，只有明确不同主体发挥的不同作用，人民精神生活共同富裕的实现才具备可能性。

第二，对人民精神生活共同富裕的研究逻辑性有待增强。现有研究的内在逻辑性不够强，多数学者提出的实践路径虽比较丰富，但缺乏概括性。人民精神生活共同富裕这一命题是对马克思主义理论的继承和发展，对其进行研究也可借助马克思主义的方法论，即按照生产（供给）—分配—消费（需求）的内在逻辑去分析其中存在的困境，并提出相应的解决措施，使研究更加具备逻辑性。

第三，对人民精神生活共同富裕的前提性研究有待加强。现有研究多按照内涵—困境—路径的思路展开，虽有部分研究成果涉及人民精神生活共同富裕的生成逻辑，但相关论述均较为简略，尤其是在精神文明建设和文化建设深入推进的背景下，对人民精神生活共同富裕的必然性和可能性缺乏深入研究。厘清新语境下人民精神生活共同富裕的思想、价值、教育、数字等全方位图景，对于理解其必然性和增强实践路径的针对性具有重要作用。

第三节 研究思路与研究方法

一 研究思路

本书坚持历史与逻辑相一致、理论与实践相统一、理想与现实相结合的原则，对人民精神生活共同富裕实现的若干重大问题进行综合性的研究，力求在文献梳理基础上，拓展和提升对人民精神生活共同富裕实现的研究视野和深度，深化对人民精神生活共同富裕实现本质规律的认识。

第一，人民精神生活共同富裕的思想智慧。精准论证全体人民共同富裕是中国式现代化的科学内涵，即人民精神生活共同富裕是共同富裕艰辛探索阶段的时代注解、扎实推动阶段的内在要求；精深把握新发展阶段社会主要矛盾带来的新特征与新要求，人民精神生活存在短板是新阶段新矛盾的具体表现，实现精神生活高质量发展是新阶段新任务的重要内容；精良设计以中国式现代化全面推进中华民族伟大复兴中心任务，推进中华文化复兴是实现中华民族伟大复兴的题中应有之义，推进精神生活共同富裕是中华民族伟大复兴的必要条件；精细探索推动构建人类命运共同体与创造人类文明新形态，中国特色的人类文明新形态是对资本主义文明的超越，具有鲜明的精神价值指向。

第二，人民精神生活共同富裕的价值感召。这主要包括以中华优秀传统文化赋予人民精神生活共同富裕的中国特色，以社会主义意识形态凝聚人民精神生活共同富裕的思想共识，以崇德向善道德境界营造人民精神生活共同富裕的向上氛围，以充盈富足精神财富制造人民精神生活共同富裕的优质供给。从人民精神生活共同富裕的传统文化挑战、推动形成繁荣兴盛的传统文化新图景，以及人民精神生活共同富裕的意识形态阻碍、建设具有强大凝聚力的社会主义意识形态等维度，分析人民精神生活共同富裕的道德建设困境、文化供给障碍，提出加强道德教育引导和"四个着力点"建设，培养适应高质量发展的精神文化供给能力。

第三，人民精神生活共同富裕的教育力量。确保扎根中国大地办教育开创精神力新格局，研析借鉴世界先进办学治学经验是扎根中国大地办教育的重要基础、优先发展教育事业是扎根中国大地办教育的核心战略、按中国特点与中国实际办学是扎根中国大地办教育的根本保障、实现以文化人的弘道追求是扎根中国大地办教育的精神引领；立足境界德育推动青年精神生活迈上新台阶，分析高校境界德育的重要性、失落与反思，以及道德信仰的重塑；加强创新教育塑造中国人民奋斗精神新风貌，探究奋斗精神的历史之源、实践之基、生成之路；开展人文教育发展社会主义先进文化新生活,研析人文教育与自然科学打通注入先进文化发展动力、人文教育与社会科学融通引领先进文化发展方向、人文交流和世界民心相通滋养先进文化发展内核。

第四,人民精神生活共同富裕的数字愿景。从以数字基础设施打造新时代文化高地、以数据资源体系提高文化产品和服务质量、以数字技术优化社会治理环境等维度,分析数字经济如何推进国家文化繁荣和全民精神富有;从以数字政务助推对口帮扶工程、以数字文化深化公共文化供给、以数字治理加强文化市场投入等方面,分析数字社会如何推动精神文化资源共创共享共生;从以创新数字应用场景挖掘精神价值、以优化数字发展环境提升生活水平、以搭建数字传播矩阵塑造集体人格等领域入手,分析数字生活如何助力全面提升广大人民精神素养;从以数字生态文明充分保障积极正向心理体验、以数字人文交流推动人类文明进步、以数字福祉构筑全球共享发展空间等角度,分析数字领域国际合作如何构建开放包容精神世界。

二 研究方法

在本书中,我们综合运用了文献分析法、历史分析法、理论联系实际法等多种研究方法,对人民精神生活共同富裕进行了全面的掌握与论述。

(一)文献分析法

研究过程中最根本的方法就是从马克思主义经典文献出发,客观分析原著文本,通过认真研读经典著作中与精神生活、共同富裕、人的全面发展等相关的理论,在经典著作中探寻和挖掘精神生活共同富裕的理论依据。在此基础上,认真阅读国内外相关学者的学术著作、期刊论文并进行分析梳理。尤其注重梳理习近平总书记系列重要讲话中有关"精神文明建设""文化建设""人民精神生活共同富裕"的新观点新思想。在搜集的素材中提炼观点并进行归纳总结,最终将其作为研究人民精神生活共同富裕的理论基础。

(二)历史分析法

历史研究法亦称纵向研究法,是根据历史资料,对过去事件按照时间发生的顺序进行研究的方法。本书通过对不同历史时期精神文明建设思想和实践进行梳理，总结我国精神文明建设的历史成就和存在的不足，探寻人民精神生活共同富裕的历史逻辑，从而得出在新时代推进人民精神生活共同富裕是历史必然的结论。

（三）理论联系实际法

本书在研究时，从理论意蕴出发，并紧密联系人民精神生活共同富裕的发轫逻辑，结合社会主义现代化建设中推进人民精神生活共同富裕的新实践新征程，将研究的落脚点放在时代发展的新境遇中如何推进人民精神生活共同富裕上。理论联系实际法的运用，目的在于尽量避免理论问题研究与实际相脱节的情况，因此，本书将研究重点放到人民精神生活共同富裕的实践路径中，使得本书的研究从理论逻辑出发，回归于实践逻辑，从而更有价值与意义。

第二章　人民精神生活共同富裕的思想智慧

中国式现代化，民生为大。习近平总书记对"人民精神生活共同富裕"这一重要命题的深刻阐释，反映了对全体人民共同富裕作为中国式现代化内涵的精准论证，对新发展阶段社会主要矛盾带来的新特征新要求的精深把握，对以中国式现代化全面推进中华民族伟大复兴中心任务的精良设计，以及对推动构建人类命运共同体、创造人类文明新形态的精细探索，体现了"自信自强、守正创新，踔厉奋发、勇毅前行"①的思想智慧。

第一节　精准论证全体人民共同富裕作为
中国式现代化的科学内涵

共同富裕在理论和实践上的成熟都孕育于中国共产党的奋斗历程之中。中国共产党准确把握共同富裕在不同历史阶段的深刻含义，形成了一系列关于共同富裕的理论结晶，并以此指导实践，将共同富裕引向深入，在高质量发展中促进共同富裕。在扎实推进共同富裕阶段，中国共产党再次以深邃的目光洞察了精神富裕的重要地位，将共同富裕与发展精神文明作为中国式现代化的内涵特征，在实践中全面推进人民精神生活共同富裕，体现了中国共产党在长期实践基础上的理论智慧和战略定力。

一　人民精神生活共同富裕是共同富裕艰辛探索阶段的时代注解

党的二十大报告提出"中国式现代化是全体人民共同富裕的现代化"，

---

① 习近平：《高举中国特色社会主义伟大旗帜　为全面建设社会主义现代化国家而团结奋斗——在中国共产党第二十次全国代表大会上的报告》，北京：人民出版社，2022，第1页。

"是物质文明和精神文明相协调的现代化"①，这是对马克思所揭示的历史发展规律，即物质生活对社会生活、政治生活、精神生活具有制约作用的新概括，赋予了马克思主义新的时代内涵。马克思对未来社会的科学设想中蕴含了共同富裕的深意。马克思认识到资本主义社会的基本矛盾会导致贫富对立，"工人阶级面对日益增长的财富仍然贫穷不堪，面对日益奢侈的世界仍然处境悲惨"②。而在新的社会制度中，"社会生产力的发展将如此迅速"，生产将以所有人的富裕为目的。其实，马克思恩格斯在创立唯物史观伊始，就明确了人的精神特质和人的精神的相对独立性，指出人"具有有意识的生命活动"③。马克思打破旧唯物主义的局限，创造性地提出人类的首要属性是能动性，并将社会关系的和谐、人的精神境界的提高作为共产主义社会的基本特征，第一次站在人民的立场探求人类自由解放的道路，以科学的理论为最终建立一个"以每个人的全面而自由的发展为基本原则的社会形式"④ 指明了方向，这样的思想才能促进人的全面发展和全体人民共同富裕。

所以我们可以看到，在建党之前，伟大的革命先驱信仰马克思主义，始终坚守自身的精神支柱和政治灵魂，从富民厚生到共同富裕，将共同富裕作为奋斗目标，立志于中华民族千秋伟业。建党初期，在中国共产党第一次全国代表大会上，我们党将实现共产主义确立为党的最高理想和最终目标，宣示了实现共同富裕的决心。这是基于共产主义带来的自由和闲暇可以为人们追求精神充实创造坚实的条件。新民主主义革命时期，中国共产党为了满足农民对土地的需求，通过开展土地革命运动阐释和践行了共同富裕思想。归结到一句话，就是中国共产党始终在为中国人民谋幸福、为中华民族谋复兴，在取得了新民主主义革命的伟大胜利，为实现中华民族伟大复兴创造了根本社会条件之后，继续为人民富裕、国家强盛、民族复兴而奋斗，在推动高质量发展中全面建设社会主义现代化国家，坚守初心使命。

---

① 《习近平著作选读》（第一卷），北京：人民出版社，2023，第 19 页。
② 《马克思恩格斯文集》（第三卷），北京：人民出版社，2009，第 612 页。
③ 《1844 年经济学哲学手稿》，北京：人民出版社，2000，第 57 页。
④ 《马克思恩格斯全集》（第二十三卷），北京：人民出版社，1972，第 649 页。

新中国成立后，我们党始终不负时代、不负人民，扎实推动共同富裕不断取得新成效。为了摆脱新中国经济上、文化上的落后地位，1953年12月，中共中央从"使农民能够逐步完全摆脱贫困"①的角度，首次提出"共同富裕"；1956年4月，从新中国文化建设的高度，毛泽东同志提出"百花齐放、百家争鸣"②的方针，来满足人民群众多样化的精神文化需求。这些表述和方针将"共同富裕"和丰富人民精神文化生活作为社会主义建设的价值旨归，深刻展现了满足人民精神文化需求对实现共同富裕的重大意义。

为全面推进改革开放和社会主义现代化建设，邓小平同志从开创中国特色社会主义、确立中国特色社会主义制度的角度，围绕共同富裕的含义、意义、路径提出了一系列重要论断，"我们要建设的社会主义国家，不但要有高度的物质文明，而且要有高度的精神文明"③。邓小平同志"两手抓、两手都要硬"的方针就是针对共同富裕这一中心课题的战略全景部署和阶段跃升谋划。世纪之交，国际格局新旧更替，江泽民同志正是在科学揭示了党和人民实现共同富裕伟大探索中的经济基础、先进精神文化、人民根本利益三者之间内在联系的基础上，从党和国家向新世纪进军的高度，指出"物质贫乏不是社会主义，精神空虚也不是社会主义"④，要实现人民的思想和精神生活的全面发展，所以党和国家全部理论与实践活动都要始终坚持物质文明、精神文明和政治文明的统一。进入21世纪，胡锦涛同志指出"必须把发展社会生产力同提高全民族文明素质结合起来，推动物质文明和精神文明协调发展，更加自觉、更加主动地推动文化大发展大繁荣"⑤。

二　人民精神生活共同富裕是共同富裕扎实推动阶段的内在要求

党的百年奋斗史，就是党团结带领人民靠勤劳智慧来实现共同富裕，

---

① 《建国以来重要文献选编》（第四册），北京：中央文献出版社，1993，第662页。
② 《毛泽东文集》（第七卷），北京：人民出版社，1999，第54页。
③ 《邓小平文选》（第二卷），北京：人民出版社，1994，第367页。
④ 《江泽民文选》（第一卷），北京：人民出版社，2006，第621页。
⑤ 《胡锦涛在纪念党的十一届三中全会召开30周年大会上的讲话》，中国政府网，2009年10月13日，https://www.gov.cn/test/2009-10/13/content_1437699_4.htm。

从根本上改变中国人民前途命运的历史。如何围绕不断促进全体人民共同富裕这一中国式现代化的内涵要求奋进新征程，是中国共产党在新时代面临的新课题。在全方位全景式展现新时代精神气象基础上提出推进人民精神生活共同富裕，是对我国发展新的历史方位的准确把握，更是对共同富裕作为中国式现代化内涵的精准论证。党的十八大以来，中国共产党对共同富裕的认识日益全面、深化，将实现共同富裕置于新的战略高度，继续奋力谱写共同富裕的新篇章。2012 年 11 月，习近平总书记就提出，我们的责任就是"坚定不移走共同富裕的道路"①。2020 年，我国全面建成小康社会，这意味着推进共同富裕在物质领域取得阶段性成果。2021 年《人类减贫的中国实践》白皮书指出，"贫穷不是命中注定，贫困并非不可战胜"②。脱贫摘帽不是终点，而是新生活、新奋斗的起点。习近平总书记拓宽共同富裕的内容，他指出，"人民是我们党执政的最深厚基础和最大底气"③。实现共同富裕不能只局限于经济领域，而是要把它看作与党执政基础密切相关的重大政治问题，以"全民共富、全面富裕、共建共富、逐步共富"④ 为指导思想，尽力而为，量力而行，赋予共同富裕思想鲜明时代特征和中国特色。习近平总书记还把精神生活共同富裕作为共同富裕新的奋斗方向，强调要"不断增强人民群众获得感、幸福感、安全感"⑤，同时让人民的精神文化生活"更加充实、更为丰富、更高质量"⑥。精神富裕是坚定不移走共同富裕道路中的重要内容，是增强中华民族凝聚力的关键要素，能助推 14 亿中国人民汇聚起推动中华民族伟大复兴的内在力量。

党的十八大以来，党中央在准确认识共同富裕是物质生活和精神生活双富裕的基础之上，投身到实现"双富裕"的伟大实践中。在全面建成小康社会的进程中，为了更好满足人民精神文化需求、切实保障人民文化权

① 《习近平谈治国理政》（第一卷），北京：外文出版社，2018，第 4 页。
② 中华人民共和国国务院新闻办公室：《人类减贫的中国实践》，北京：人民出版社，2021，第 2 页。
③ 《习近平谈治国理政》（第四卷），北京：外文出版社，2022，第 171 页。
④ 《什么是共同富裕？发改委提出从四方面整体把握》，"人民网"百家号，2021 年 3 月 8 日，https://baijiahao.baidu.com/s? id = 1693673029351874246&wfr = spider&for = pc。
⑤ 《习近平谈治国理政》（第四卷），北京：外文出版社，2022，第 289 页。
⑥ 《习近平谈治国理政》（第四卷），北京：外文出版社，2022，第 311 页。

益、不断增强人民精神力量，以习近平同志为核心的党中央把文化建设提升到一个新的历史高度，采取了一系列促进文化事业、文化产业蓬勃发展的有力举措，使人民的精神生活更加充实，推动人民精神生活共同富裕的阶段性成果显著。在中国共产党成立 100 周年的光辉时刻，我们如期实现了第一个百年奋斗目标，成功消除了绝对贫困，人民的物质生活水平极大提高，已经具备扎实推动共同富裕的决心和信心。习近平总书记提出"既要物质富足，也要精神富有，是中国式现代化的崇高追求"①，就是基于对我国共同富裕客观现实的准确把握，与中国式现代化建设进程相协调，是确保共同富裕能够行稳致远的正确命题。正如党的二十大报告为中国式现代化赋予新内涵，是从实现第二个百年奋斗目标的战略高度，从扎实推进共同富裕的宏远目标出发，对"促进人民精神生活共同富裕"的深刻前瞻、对"五个文明"协调发展问题作出的现实回应。换句话说，习近平总书记关于人民精神生活共同富裕的重要论述不仅很好地继承了马克思主义的共同富裕思想与重视人民精神生活的理论境界，而且以全方位深化的理论观点创新和发展了马克思主义，升华了 21 世纪马克思主义的时代内涵。

第二节　精深把握新发展阶段社会主要矛盾带来的新特征与新要求

新发展阶段的到来意味着我国发展历史方位的转变，社会主要矛盾的新变化推动我国发展目标任务的转变，新任务的明确对我国促进人民精神生活共同富裕提出迫切要求。人民精神生活共同富裕以实现高质量发展为目标，以共建共享为举措，补齐我国精神领域的短板，是解决我国社会主要矛盾的有效途径。

一　人民精神生活存在短板是新阶段新矛盾的具体表现

新发展阶段明确了我国发展新的历史方位，在新发展阶段，我们党带领人民站到了从站起来、富起来到强起来的历史性飞跃后的新起点上，拥

---

① 习近平：《中国式现代化是强国建设、民族复兴的康庄大道》，《求是》2023 年第 16 期。

有了开启新征程、实现新的更高目标的雄厚物质基础，不断赋予建设社会主义现代化国家以新的时代内涵。进入新发展阶段，我国在经济、政治、文化、社会、生态文明等领域仍然存在短板和弱项，造成了发展不平衡不充分的问题，与人民日益增长的美好生活需要不适应、不匹配，这就形成了当前我国社会的主要矛盾。值得注意的是，社会主要矛盾在精神文化建设领域的表现十分突出，主要表现为优质文化产品的供给不充分、精神文化资源的享有不平衡，导致一些地域、区域的人们的精神文化需求无法得到满足。习近平总书记指出："在新的起点上继续推动文化繁荣、建设文化强国、建设中华民族现代文明，是我们在新时代新的文化使命。"① 我国文化建设在正本清源、守正创新中取得历史性成就、发生历史性变革。坚持马克思主义在意识形态领域的指导地位，坚守中华文化立场，坚定文化自信，以社会主义核心价值观引领文化建设，紧紧围绕举旗帜、聚民心、育新人、兴文化、展形象的使命任务，加强社会主义精神文明建设，繁荣发展文化事业和文化产业，不断提高国家文化软实力，增强中华文化影响力，促进满足人民文化需求和增强人民精神力量相统一，为新时代坚持和发展中国特色社会主义、开创党和国家事业全新局面提供了强大正能量，进一步推进社会主义文化强国建设。也就是说，要解决当前我国社会的主要矛盾，重要的是将丰富人民精神文化生活作为新的侧重点，保证文化建设不松懈。

一个社会主义现代化强国，应该既拥有广阔市场空间又充满活力，呈现效能和活力的有机统一。进入新发展阶段，我国经济长期向好，人力资源丰富，社会大局稳定，我国发展"效能"总体稳步提升。然而，我国发展"活力"相对欠缺，主要表现在全球科技进步深刻改变了人类的交往方式、社会观念、社会心理、社会行为，有些领域人们的创新活力不足，如创造愿望得不到满足、创造活动得不到支持、创造才能得不到发挥、创造成果得不到肯定。因此，最为根本的问题就是创新能力亟待增强和保护，迫切需要高素质劳动者，最需要解决的是城乡区域发展差距显著、民生保障存在薄弱环节、基本公共服务尚不健全等问题。更为重要的是，创新是

---

① 习近平：《在文化传承发展座谈会上的讲话》，《求是》2023 年第 17 期。

精神升华、心灵自由的产物。创新之道就是创新者愉悦之道。归根结底，愉悦之道与中国共产党把人民对美好生活的向往作为奋斗目标息息相关。这就要求直面精神领域的矛盾，确保全国各族人民精神面貌更加奋发昂扬，使人民群众呈现知识充足、情感富足、心理健康、信仰坚定、活力充足的状态。

二　实现精神生活高质量发展是新阶段新任务的重要内容

面对社会主要矛盾变化给各个领域带来的新特征、新要求，立足提高效能和活力的双重需要，在总结历史经验、结合现实状况的基础上，党的十九届五中全会提出"我国已转向高质量发展阶段"① 的重要论断，这一论断突破了高质量发展作为经济领域特有目标的局限性，将其扩展到了政治、文化、社会、生态等其他领域，提出了精神生活在新的历史条件下实现高质量发展的新要求，为解决如何在新形势下不穿新鞋走老路、实现持续发展的问题提供了指引。要实现精神领域的高质量发展以满足人民美好生活需要，还必须重视精神本身的力量。恩格斯曾经指出："人人也都将同等地、愈益丰富地得到生活资料、享受资料、发展和表现一切体力和智力所需的资料。"② 这句话提及的"生活资料、享受资料、发展和表现一切体力和智力所需的资料"对应的就是"美好生活"的各个方面，而要"同等""丰富"地得到这些资料，则需要高质量的精神生活以及精神文化的浸润和支撑。立足新发展阶段，不断促进人民精神生活共同富裕，是满足人民日益增长的美好生活需要、回应人民对高品质美好生活期待的关键举措，也是对新发展阶段社会主要矛盾和中心任务的精深把握。

实现高质量发展是人民精神生活共同富裕的战略保障和奋进力量。高质量发展是更好实现人民利益、要求、愿望的发展，其致力于满足人民美好生活需要。人民精神生活共同富裕是美好生活的灵魂，是"软需要"的重要组成部分，实现高质量发展内在地包含了提高人民精神生活的质量。新阶段催生新需求，社会主要矛盾的变化标志着共同富裕不是追求单纯的

① 《中国共产党第十九届中央委员会第五次全体会议公报》，北京：人民出版社，2020，第 6 页。
② 《马克思恩格斯选集》（第一卷），北京：人民出版社，2012，第 326 页。

物质富裕，而是包含了对"物质、文化、民主、法治、公平、正义、安全和环境等方面"① 的美好生活向往，特别是要促进人民精神生活共同富裕，坚持以社会主义核心价值观引领文化建设，加强理想信念教育。新需求一经产生就必然对实践提出更高要求，要求我们必须积极作为，提高人民精神生活质量。以习近平同志为核心的党中央深刻认识到精神文化生活匮乏是满足人民美好精神生活需要的阻力，是限制人民生活质量提高的主要因素。精神生产的文化内涵诠释深度不足、精神消费主体的鉴赏格调趋于庸常，都会造成精神领域供求关系的失衡。应通过推进人民精神生活共同富裕，生产出优质丰富的精神文化产品，培养出具有高度文化自觉与崇高审美追求的创新主体和欣赏水平高的人民群众，使人们的精神生活发展目标更加健康向上、精神生活资源更加充足持久、精神生活要素更加科学丰富、精神生活获得感更加真切实在，实现人民精神生活的高质量发展。实践充分证明，高质量发展指明了发展精神生活的远景目标，明确了精神生活发展水平的衡量标准，凸显出推进人民精神生活共同富裕的意义。

共建共享是人民精神生活共同富裕的战略意义和方略举要。回溯历史、前瞻未来，在党的二十大报告中，习近平同志就对"增进民生福祉，提高人民生活品质"② 作出新阐释，特别是在完善分配制度、推进健康中国建设等方面，强调共建共享。这指明了新发展阶段人民精神生活共同富裕的实现方式，进一步彰显了习近平新时代中国特色社会主义思想的内涵。共建共享精神文化成果紧扣以人民为中心的发展思想，是实现精神生活共同富裕的工作重点。一方面，坚持精神文化成果由人民共建体现了"一切依靠人民"的智慧，是人民精神生活共同富裕的题中之义。人民群众是精神财富的创造者，应把握人民愿望，集中人民智慧，精神领域的需求端和供给端都以人民为主体。人民对精神生活提出的更高要求可以作为"共建"的内生动力，推动优质多样的精神文化产品涌现。此外，人民可以直接参与到精神文化产品的创作过程中，坚持勤劳致富、创新致富，依靠人民开拓精神生活新局面。依靠人民实现精神生活的共同富裕是对人民

① 顾海良：《共同富裕是社会主义的本质要求》，《红旗文稿》2021 年第 20 期。
② 习近平：《高举中国特色社会主义伟大旗帜 为全面建设社会主义现代化国家而团结奋斗——在中国共产党第二十次全国代表大会上的报告》，北京：人民出版社，2022，第 46 页。

主体地位和首创精神的尊重，体现了"共建共富"的实践要求。另一方面，坚持精神文化成果由人民共享体现了"一切为了人民"的智慧，是人民精神生活共同富裕的应然之义。共同富裕不是少数人的富裕，实现精神文化成果的公平分配是精神生活共同富裕的关键环节，当前，精神贫困问题仍然在某些地区存在，这些地区成为实现精神生活共同富裕的薄弱之处。在实践中，克服地域、基础设施等客观条件的制约，确保人人公平享有精神文化成果，是彰显公平正义的基本要求。总之，在精神文化成果的创建过程中，坚持人民群众在共建中共享、在共享中共建，形成"人人参与、人人尽力、人人享有"①的良好氛围，是实现人民精神生活共同富裕的战略举措。

第三节　精良设计以中国式现代化全面推进
中华民族伟大复兴中心任务

复兴是一个由盛而衰后衰而再兴的过程，其实现的标志绝不止于跳出衰败的谷底，也不是追赶过去的巅峰，而是超越以往的荣耀。中华民族伟大复兴就是让国家更加强盛、人民更加幸福、中华民族对世界的贡献更大。我们党经过百年探索，将实现中华民族伟大复兴的宏伟目标推进到关键时期，全面建设社会主义现代化国家、基本实现社会主义现代化，是关键时期的必要任务，是我国社会主义从初级阶段向更高阶段迈进的必然要求，是中国式现代化不断推进中必定会发生的事。

一　推进中华文化复兴是实现中华民族伟大复兴的题中之义

中国共产党坚持将马克思主义同中华优秀传统文化相结合，造就了一个有机统一的新的文化生命体，"让经由'结合'而形成的新文化成为中国式现代化的文化形态"②，因此，以中国式现代化全面推进强国建设、民族复兴伟业与实现文化复兴是内在统一的。文化复兴是指充分挖掘中国的

① 《习近平著作选读》（第一卷），北京：人民出版社，2023，第380页。
② 习近平：《在文化传承发展座谈会上的讲话》，《求是》2023年第17期。

历史文化,对其中的优秀成分进行弘扬,并使其与时代的先进文化相融合,形成具有中国特色的人民大众的文化。中华民族伟大复兴不仅是经济、政治领域的强大,更是中国文化、中华文明的崛起,可以说,中国梦也是文化复兴之梦。中华民族伟大复兴与文化复兴的关系主要体现在以下两方面。一方面文化复兴是中华民族伟大复兴的深层追求。文化是一个国家、一个民族的灵魂,而利用精神文化实现强国、富民,并用优秀的价值观、强大的文化软实力提升本民族的影响力是中华民族伟大复兴更深层次的追求。另一方面文化复兴是中华民族伟大复兴的前提基石。文化作为民族复兴的精神支撑,其发展水平是判断国家和民族是否崛起的重要标准。实现中华民族伟大复兴要建立在文化繁荣兴盛的基础之上,而随着文化复兴的实现,强大的文化力量、高度的文化自信也将随之形成。

人民精神生活共同富裕对实现中华民族伟大复兴的推动作用正是通过促进文化复兴表现出来的。要实现中华民族伟大复兴必须先实现文化复兴,而推进人民精神生活共同富裕能够发掘中华民族深层的精神追求、体现中华民族鲜明的精神标识、发挥中华民族强大的精神力量,从而推动文化复兴的实现。人民精神生活共同富裕对文化复兴的促进作用主要从两个方面体现出来。一方面,人民精神生活共同富裕是对文化复兴内涵的生动诠释。要达到人民精神富足的状态,需要坚持对优秀传统文化的创造性转化和创新性发展、发扬革命文化中的"斗争"精神、弘扬中国特色社会主义先进文化中的改革创新精神,使其最终汇聚成文化复兴的精神源泉。另一方面,人民精神生活共同富裕是对文化复兴要求的积极回应。习近平总书记指出:"没有先进文化的积极引领,没有人民精神世界的极大丰富,没有民族精神力量的不断增强,一个国家、一个民族不可能屹立于世界民族之林。"① 文化复兴是一个大国崛起并在世界民族之林发挥重要作用的表征,主要表现为一个民族拥有精神饱满的状态、自尊自强的品格和昂扬奋发的意志,应推进人民精神生活共同富裕,强化先进文化的引领作用,使每一个中国人坚定理想信念,以奋发向上的精神状态凝聚起文化复兴的精神伟力,为文化复兴乃至民族复兴提供坚实的价值支撑。

---

① 《十八大以来重要文献选编》(中),北京:中央文献出版社,2016,第 121 页。

二 推进精神生活共同富裕是中华民族伟大复兴的必要条件

中国长远目标的擘画包含了对人民精神生活共同富裕的不懈追求。现在，以中国式现代化道路全面推进中华民族伟大复兴之所以是党的中心任务的重要内容，是因为党百年奋斗得出了这样一个历史结论：党的全部理论和实践立足点就是走自己的路。这条路是由我国独特的历史、文化、国情决定的，被放在实现第二个百年奋斗目标的背景下予以考量和谋划。由此，党中央深刻认识到在我们建设社会主义现代化国家的道路上，精神上强，才是更持久、更深沉、更有力量的。党的二十大报告在对新时代新征程中国共产党的使命任务做出的新的概括，将人民精神世界同中国式现代化的科学内涵与本质要求、同实现中华民族伟大复兴的崇高目标紧密地联系在一起。这充分体现了以习近平同志为核心的党中央深刻把握历史主动，必将进一步增强党在中国执政并长期执政的历史自信，有利于加强党的全面领导，确保国家长治久安、人民幸福安康与精神生活共同富裕。

中国近期目标的规划蕴含了实现人民精神生活共同富裕的深意。为稳扎稳打实现中华民族伟大复兴，党的二十大报告对我国未来五年的目标任务作出详细规定——"人民精神文化生活更加丰富，中华民族凝聚力和中华文化影响力不断增强"①，这是精神领域要实现的目标，揭示了精神文化在全面建设社会主义现代化国家中的重要地位。此外，党的二十大报告还提出坚持马克思主义在意识形态领域指导地位的根本制度，对如何建设具有强大凝聚力和引领力的社会主义意识形态作出了理论性和实践性的规定，作出了激发全民族文化创新创造活力、增强全民族精神力量的制度安排。同时，人民精神生活共同富裕不仅以满足人民精神文化需求为核心动力，而且以铸就社会主义文化新辉煌为过程特征，与党的二十大报告中关于发展人民精神生活的理论结晶和思想智慧完美契合，必将对推进中华民族伟大复兴产生重要的影响。

目标已经确定，奋斗正当其时。"经济发展是文明存续的有力支撑，

---

① 《习近平著作选读》（第一卷），北京：人民出版社，2023，第 21 页。

繁荣富强是国家进步的重要基石。"① 随着我国经济实力的增强，国家形象和民族精气神成为亟须塑造和提升的关键对象，而民族精神的凝聚、中国形象的塑造、中华文化的创新、国家认同的增强都离不开人民精神生活的共同富裕。因此，推进人民精神生活共同富裕不仅是目标，更是实现目标的有力抓手。习近平总书记强调，实现中华民族伟大复兴的中国梦，"物质财富要极大丰富，精神财富也要极大丰富"②。一是实现中国梦需要精神力量提供支撑，增强信仰、信念、信心。中华民族能够屹立不倒，是因为在艰苦卓绝的斗争中形成的奋斗精神、经过历史打磨的民族精神、反映现实需求的时代精神……这些精神形成了中国人民拥有的巨大精神优势，为实现中华民族伟大复兴提供了坚实的精神保障。具体来说，"坚持党的领导、坚持人民至上、坚持理论创新、坚持独立自主、坚持中国道路、坚持胸怀天下、坚持开拓创新、坚持敢于斗争、坚持统一战线、坚持自我革命"③，就是百年来我们党和人民共同创造的精神财富，必须倍加珍惜、长期坚持，并在新时代实践中不断丰富和发展。信仰、信念、信心，任何时候都至关重要，是我们党战胜一切强敌、克服一切困难、夺取一切胜利的强大精神力量。要增强对马克思主义、共产主义的信仰，增强对中国特色社会主义的信念，增强对实现中华民族伟大复兴的信心。习近平总书记参观红军长征湘江战役纪念园时，由衷感叹："试想，如果没有这么一批勇往直前、舍生忘死的红军将士，红军怎么可能冲出敌人的封锁线，而且冲出去付出了那么大的牺牲，还没有溃散。靠的是什么？靠的正是理想信念的力量！"④ 质朴的话语，激扬起雄浑的精神伟力。二是实现中国梦需要精神文化为我们的伟大事业培养全面发展的人才。国家的富强、民族的振兴都离不开才能过硬、精神富足的高素质人才，这需要个体能够从丰富多彩的精神生活中获得心理满足和精神愉悦，拥有将个人梦想与国家梦想统一起来的精神境界，具备将个人的道德修养、主体认同与社会价值统一起来

① 《习近平谈治国理政》（第三卷），北京：外文出版社，2020，第 467 页。
② 《习近平谈治国理政》（第二卷），北京：外文出版社，2017，第 323 页。
③ 《习近平著作选读》（第二卷），北京：人民出版社，2023，第 563 页。
④ 汪晓东等：《继往开来，重整行装再出发——习近平总书记讲过的长征故事》，《人民日报》2021 年 10 月 21 日，第 1 版。

的思想追求，成为实现中国梦的可靠力量。三是实现中国梦需要发展精神文化，促进文化大繁荣，建成社会主义文化强国。社会主义现代化强国是否建成的一个重要衡量尺度就是是否拥有高度的精神文明，国家只有形成文化供给充足、文化氛围浓厚、人民精神富足的良好局面，才能满足民族复兴的精神文化标准。总之，实现中华民族伟大复兴必须重视人民精神生活的发展，必须全面推进人民精神生活共同富裕，把精神文明建设深度嵌入中国式现代化的系统性实践，实现对社会生活诸领域的渗透，促进物质文明和精神文明协同演进。通过促进人民精神生活共同富裕，能够形成强大精神力量，培养全面发展的高素质人才队伍，从而使整个民族的文化自信得到增强，国家的文化软实力得到提升，推动中华民族的文化影响力和价值感召力实现质的飞跃，形成文化大繁荣的局面。因此，必须大力推进人民精神生活共同富裕，为实现中国梦提供精神支撑和智力资源，弘扬中华优秀传统文化，增强人民精神力量，促进物的全面丰富和人的全面发展，书写民族复兴之路上精神复兴的壮丽篇章，以托起中华民族伟大复兴的中国梦。

蓝图已绘就，号角已吹响。要实现党的中心任务，我们必须以行百里者半九十的决心和毅力，增强文化自觉和文化自信，坚定不移促进人民精神生活共同富裕，以文化繁荣满足人民需求，以文化自信促进国家兴盛，以文化复兴推动民族振兴，用广大人民的能动力和创造力激荡起民族复兴的澎湃春潮，在新时代新征程中推进伟大事业、实现伟大梦想。

第四节　精细探索推动构建人类命运共同体与创造人类文明新形态

"人的本质是人的真正的共同体"①，人民精神生活共同富裕着眼于人的本质，将全世界人民看作一个共同体，中国的前途命运和全人类前途命运休戚相关，中国推进人民精神生活共同富裕的背后是探索人类共同发展新格局、新道路，弘扬全人类共同价值的理论结晶和思想智慧。这一思想

---

① 《马克思恩格斯全集》（第三卷），北京：人民出版社，2002，第394页。

力量必将转化成强劲引擎，构筑起美美与共的新型社会主义文明，造福世界人民的人类文明新形态也终将散发出与时俱进的理论魅力。

一　中国特色的"人类文明新形态"是对资本主义文明的超越

众所周知，资本主义国家以对本国人民的剥削和对别国的殖民掠夺历史性地推动了世界的现代化进程，但暴力和战争同时也给世界各国人民带来了不可逆的危害。如今，大部分被殖民国家实现了民族独立，但当代资本主义文明凭借资本优势主导全球化进程以获取剩余价值，导致南北差距进一步扩大。直到今天，资本主义社会创造的大量财富，仍无法超越资本持续不断复制的边界，也无法让大多数人享受创造财富的成果，这催生了一系列资本主义社会中的社会矛盾与冲突。因为资本剪掉了人们之间所有真实的纽带，人作为自私、相互敌对、原子般的存在溶解在人类世界中。显然，资本主义文明的这些弊端违背了历史发展规律，忽略了世界人民利益，在经济、政治、文化、社会、生态等方面都造成了危机，这些危机波及全球，形成全球性文明困局。

资本主义文明的内在矛盾决定了它不可能成为造福世界人民的文明形态，中国共产党肩负着创造新文明的历史使命。中国共产党勇于担当负责，积极主动作为，从成立之日起就带领中国人民探索具有中国特色的文明发展道路。中国的文明发展道路在遵循文明发展规律中萌发，在中华优秀传统文化中积淀，在中国共产党百年奋斗中生成，在推进中国式现代化中成熟，是被实践证明了的符合全中国人民共同利益的社会主义文明发展道路，必将得到世界各国人民的拥护和支持。党的二十大报告提出"为解决人类面临的共同问题作出贡献"①，面对世界范围内的文明挑战，我们党胸怀千秋伟业，始终与历史同向、与人民同步，以社会主义文明为支撑，积极构建人类命运共同体，探索破解世界文明困局的人类文明新形态。

人类文明新形态着眼于探索人类社会发展新道路，以人类命运共同体为方法论启示。"溯历史的源头才能理解现实的世界，循文化的根基才能

① 《习近平著作选读》（第一卷），北京：人民出版社，2023，第 18 页。

辨识当今的中国"①，推动构建人类命运共同体是习近平主席提出的独具中国智慧的中国方案，这一理论命题在继承马克思主义文明观、价值观的基础上，从人类历史发展进程和人类文明发展进步的高度创造性地回答了"人类社会向何处去"的时代之问，对人类文明新形态的构建作出了原创性贡献。一方面，人类命运共同体为人类文明新形态提供了价值遵循。人类命运共同体高举和平、发展、合作、共赢的旗帜，倡导公平、正义、民主、自由等价值理念，是根据人类社会发展的现实情况、顺应时代发展趋势提出的理想价值目标，反映出符合人类社会发展趋势的先进文明价值观，必然会成为创造人类文明新形态的强劲动力。另一方面，人类命运共同体为人类文明新形态提供了实践动能。构建人类命运共同体是形成先进文明价值体系、推动文明形态变革，最终为人类带来美好生活的实践活动，在此过程中进一步丰富人类共同的价值追求，探寻更多有助于建构和谐关系的价值理念，为新形态的构建作出实践尝试，推动人类文明新形态不断完善，也为繁荣世界文明百花园贡献思想和文化力量。

人类文明新形态是在中国式现代化话语体系中提出和发展的，以"五位一体"总体布局为实践基础。中国式现代化话语体系打破了西方在现代化命题中的话语霸权。近代以来，西方国家建构出"现代化即西方化"的话语叙事，西方现代化模式成为世界现代化的标准模式。然而，由于历史文化传统和现实国情的差异性，每个国家实现现代化的方式和路径都不尽相同。中国共产党以突出的历史担当精神和首创精神成功提出、推进和拓展了中国式现代化，展现了实现现代化道路的丰富多样性，彰显出不同国家在现代化进程中的独特选择。

我们党从强调物质文明与精神文明建设"两手抓、两手都要硬"，到提出物质文明、政治文明、精神文明"三位一体"理念，再到提出涵盖经济、政治、文化、社会建设的"四位一体"理念，最终形成融入"生态文明建设"的"五位一体"总体布局。以邓小平同志为主要代表的中国共产党人提出社会结构两分模式，反复强调既要注重物质文明建设的推进，也不能忽视精神文明建设的深化，"两手抓、两手都要硬"。江泽民同志在党

---

① 《习近平向世界中国学大会·上海论坛致贺信》，《人民日报》2023年11月25日，第1版。

的十六大报告中提出，"不断促进社会主义物质文明、政治文明和精神文明的协调发展，推进中华民族的伟大复兴"①，这就推动形成了物质文明、政治文明和精神文明"三位一体"的战略部署。随着我们党对马克思社会结构理论认识的日益加深，以胡锦涛同志为主要代表的中国共产党人高度重视社会建设，并围绕其进行了一系列战略谋划。2005 年胡锦涛同志在省部级主要领导干部专题研讨班上的讲话中首次明确提出经济、政治、文化和社会建设"四位一体"总体布局的概念。2007 年党的十七大上通过的党章修正案中，增加了"四位一体"总体布局的内容。事实证明，中国式现代化话语的发展主要靠"自塑"而非"他塑"，现代化话语变迁为增强中国式现代化的说服力、影响力提供话语基石和精神支撑。作为一场全面而深刻的社会变革，新时代的现代化建设要求各领域间协调合作与有序推进。2012 年，党的十八大明确指出，中国特色社会主义事业总体布局是经济建设、政治建设、文化建设、社会建设、生态文明建设"五位一体"。"五位一体"的总体布局标志着我国社会主义现代化建设迈入了崭新的历史阶段，这对于进一步明确中国特色社会主义的前进方向具有重大而深远的意义。在新的历史方位上，从物质文明、精神文明"两手抓"到"五位一体"的中国式现代化话语变迁，充分彰显出中国共产党人为实现中国式现代化和中华民族伟大复兴接续奋斗的初心和使命。

人类文明新形态是在开辟、发展社会主义道路的过程中形成的，本质上是一种社会主义的整体文明观，是实现了质的飞跃的新型文明。构建人类文明新形态必须以中国特色社会主义道路为基石。中国特色社会主义道路是把人民利益放在首位的道路，是改革创新的道路，也是在开放中谋求共同发展的道路。这条道路将中国人民的价值追求凝聚起来，指向符合中华文明发展方向的社会主义文明，必将成为解决人类社会诸多问题、矛盾的时代良方。同时，构建人类文明新形态必须围绕"五位一体"总体布局而展开。通过在经济、政治、文化、社会、生态文明建设领域全面积累成果，推动物质文明、政治文明、精神文明、社会文明、生态文明协调发展，架构起人类文明新形态的主体内容。总之，在中国特色社会主义场域中形成的

---

① 《江泽民文选》（第三卷），北京：人民出版社，2006，第 574 页。

人类文明新形态是具有中国特色的新形态，其形成必须依靠中国特色社会主义伟大实践，这种"新形态"克服了资本主义文明的弊端，是对当代资本主义文明的超越。

二 中国特色的"人类文明新形态"具有鲜明的精神价值指向

构建人类命运共同体、创造人类文明新形态与人民精神生活共同富裕是内在统一的。首先，其主体指向相一致，人民性是中国共产党的鲜明底色，要使人类文明新形态具有中国特色就必须将人民性贯穿其中。之所以人类文明新形态是凝聚世界人民价值追求的文明形态，始终"致力于为人类谋进步、为世界谋大同"[①]，是因为人民精神生活共同富裕中的"人民"不单指中国人民，而是把世界各国人民包含在内，这种共同富裕指向全体社会成员的民心相通，有助于构建人类命运共同体。其次，其客体内容相吻合，共同富裕是全体社会成员的共同期盼，是区别于资本主义文明的显著标志。人类文明新形态是全体人民共同富裕的文明形态，始终把实现全体人民共同富裕作为内在规定和目标指向；人民精神生活共同富裕是共同富裕具体内容和衡量标准细化的产物，明确将精神和物质作为共同富裕的两个方面，符合世界各国人民对美好生活的向往。可见，人民立场作为价值导向、共同富裕作为发展目标始终贯穿于人民精神生活共同富裕和人类文明新形态之中，二者的统一性使通过促进人民精神生活共同富裕助推形成人类文明新形态成为可能。因此，人民精神生活共同富裕的提出是胸怀天下的大国选择，体现了国际视野，在中国和世界的联系互动中探讨人类面临的共同课题，为构建人类命运共同体贡献中国智慧、中国方案，也体现了我国作为一个负责任大国对人类文明新形态的精细探索。

构建人类命运共同体、创造人类文明新形态与人民精神生活共同富裕相辅相成、互为补充。其内在逻辑如下。人类文明新形态以中华文明为有力支撑，以社会主义文明为性质定向、以现代文明为重要保障，是三种文明融合发展的崭新形态，而推进人民精神生活共同富裕必将使中华文明更好地传承创新，使文明的社会主义性质进一步凸显，使现代文明更好地发

---

① 《习近平谈治国理政》（第四卷），北京：外文出版社，2022，第546页。

展，为人类文明新形态提供更为强大的中国力量，展示出推动世界文明发展的中国智慧。同时，在实现人民精神生活共同富裕的过程中，需要以人类文明新形态为人民精神富裕提供共同的价值追求。要实现全体社会成员的精神富足，必须凝聚起各国人民的价值共识，汇聚起各国优秀文明成果，以形成全体人民精神富裕的价值合力，而人类文明新形态必将从不同文明中寻求长处、汲取营养和力量，使不同国家、不同民族在求同存异、求同化异中提炼出被大多数人所接受的价值理念和文化成果，全方位满足人民日益增长的精神文化需求，从而为跨国家、跨民族实现人民精神生活共同富裕构筑起价值桥梁和精神纽带。这保障了构建人类命运共同体具有广泛感召力，是应对人类共同挑战、建设更加繁荣美好世界的人间正道。可见，人类文明新形态与人民精神生活共同富裕作为重要力量相互渗透，二者的相互作用必将更有利于形成全人类共同发展的"最大公约数"[①]，更有利于满足全人类对美好生活的殷切期盼。

---

① 习近平：《在庆祝中国共产党成立 100 周年大会上的讲话》，《人民日报》2021 年 7 月 2 日，第 2 版。

第三章　人民精神生活共同富裕的价值感召

　　人民精神生活共同富裕是指在人民的物质生活得到一定程度发展的基础上,人民的需求开始转向精神层面,他们开始追求多样化、多层次、多方面的精神生活,并达到自身精神富足的状态,最终实现人的全面发展。人民精神生活共同富裕的实现离不开文化力量的支撑,"文化建设通过'化人—聚气—增信'的功能转换,为精神生活共同富裕提供精神食粮、系牢精神纽带、增强精神底气"[1]。中华优秀传统文化是文化力量的重要根基,为人民精神生活共同富裕注入深厚的民族底色,保障人民的精神生活具有中国特色与中国力量。意识形态、道德素养是文化力量的具体表现形式,为实现人民精神生活共同富裕奠定坚实的思想基础,并营造向上向善的整体氛围,保证人民精神生活始终健康发展。充足、优质的文化供给是文化力量的应有之义,应"发挥文化引领风尚、教育人民、服务社会、推动发展的作用"[2],为人民精神生活共同富裕提供丰富的内容供给,使全体人民在文化的牵引、浸润、形塑中实现精神的富足。

第一节　以中华优秀传统文化赋予人民精神生活
共同富裕的中国特色

　　人民精神生活共同富裕不是无源之水、无本之木,而是有其深刻的文化底蕴。中华五千多年灿烂文明,是每一个中国人的精神基因,是每一个

---

　　① 柏路、包崇庆:《精神生活共同富裕的文化之维》,《思想理论教育》2022年第12期。
　　② 《习近平谈治国理政》(第四卷),北京:外文出版社,2022,第310页。

中国人"走自己的路"①的强大底气，对我们的思想方式和行为方式有着潜移默化的影响。中华民族在几千年历史中创造和延续的中华优秀传统文化，既是人民精神生活的重要组成部分，又为人民精神生活共同富裕的推进过程注入了具有中国特色的文化之魂和历史底蕴。但在发展过程中，传统文化的挖掘提炼、路径创新、国际传播还存在一定不足，亟须推动形成繁荣兴盛的传统文化新图景，赋予人民精神生活共同富裕鲜明的中国特色。

一　人民精神生活共同富裕的传统文化挑战

当前中华优秀传统文化的传承与发展面临诸多挑战和突出问题。在传统基因挖掘方面，存在对传统文化精髓提炼不足、研究不够深入的问题，这使文化传承根基不稳，影响民族文化的代际传递。在发展路径上，无论是文化产业、文化交流还是文化作品，都存在中国特色彰显不足的情况，背离文化发展规律，无法满足群众精神需求。在全球与本土文化关系处理上，存在对本土文化自信不足、吸收外来文化时缺乏批判性思维和融合能力的失衡现象，阻碍了中华优秀传统文化国际影响力的提升，不利于文化创新发展。要实现中华优秀传统文化的繁荣兴盛，就必须正视这些问题，在传承中创新，在交流中坚守本土文化特色，增强文化自信。

（一）优秀传统基因挖掘不足

新时代，我们要"挖掘阐发中华优秀传统文化精华，推动创造性转化、创新性发展"②。文化传承是文化得以延续和发展的关键所在，它是一个极为复杂且系统的动态过程。这一过程涵盖了文化元素的代代延续、文化价值的有效传递以及文化精神的弘扬。挖掘优良传统基因则是文化传承的基石，然而，随着时代的快速发展，现代生活方式和价值观念的冲击使传统文化的生存土壤发生了巨大变化，许多传统文化的精髓难以在新的环境中生根发芽。

---

① 习近平：《在庆祝中国共产党成立 100 周年大会上的讲话》，《人民日报》2021 年 7 月 2 日，第 2 版。
② 人民日报评论部：《深入学习贯彻习近平总书记在文化传承发展座谈会上的重要讲话精神》，北京：人民出版社，2023，第 33 页。

当前，对传统基因的挖掘存在的问题主要表现在以下两方面。一方面，对传统文化精髓的提炼有待加强。传统文化中不乏优良道德、价值追求，如"忠厚传家久，诗书继世长"① 等道德训诫中所传递的对品德修养和价值理念的重视，春节等传统节庆中所承载的团圆、喜庆以及对美好生活的向往，这些具体内容构成了传统文化的内核。但在现实中，由于缺乏系统的研究与整理，大量珍贵的文化信息尚未形成体系，难以转化为可供传承的文化样本。另一方面，对传统文化的研究有待深入。当前对传统文化的研究，大多停留在表面层次，仅仅满足于对文化现象的简单描述，未能深入文化的内核，去探寻其深层的价值与精神内涵。例如，在对传统民间艺术的研究中，很多只是关注其外在的表现形式，如剪纸的图案、戏曲的唱腔等，而忽略了背后所蕴含的民俗信仰、审美观念以及社会价值等深层次内容，未能较好地把艺术创造力与中华文化价值融合起来。这种浅尝辄止的研究方式，使得大量珍贵的文化信息被埋没，无法为文化传承提供有力支撑。

如果文化传承的根基不稳固，文化创新发展便如同无本之木，难以在新时代的土壤中生根发芽、茁壮成长。根基不稳导致后续的文化传承缺乏连贯性和稳定性，使得优秀传统文化在代际传递过程中出现断层现象，年轻一代难以真正理解和认同优秀传统文化的价值，进而影响整个民族文化的传承与发展。

（二）发展路径缺乏中国特色

文化创新是发展传统文化的必然要求，但文化创新绝非对外来文化的简单移植，而是在自身文化传统的深厚根基上，结合时代发展的需求，进行创造性的变革与突破。习近平总书记指出："如果没有中华五千年文明，哪里有什么中国特色？如果不是中国特色，哪有我们今天这么成功的中国特色社会主义道路？"② 但在全球化和现代化的浪潮中，一些传统文化在发展过程中未能紧密结合中国国情，导致自身特色逐渐淡化，失去了独特的魅力和活力，中国特色尚未充分展现。

---

① 王家安：《名联新说》，兰州：读者出版社，2023，第 78 页。
② 习近平：《在文化传承发展座谈会上的讲话》，《求是》2023 年第 17 期。

在文化产业领域，部分文化企业在开发传统文化产品时，过度追求西方流行文化元素，忽视了对传统文化内涵的挖掘和中国特色的展现。一些以中国传统文化为主题的影视作品，为了迎合西方观众的口味，大量采用西方的叙事方式和表现手法，而对中国传统文化的精髓和独特之处却展现不足。这些作品往往缺乏深度和内涵，无法真正传达中华优秀传统文化的魅力，难以在国际市场上获得认可和尊重。在文化作品方面，部分文化工作者和从业者背离了文化发展的内在规律，未能将马克思主义基本原理与中华优秀传统文化有机融合，没有充分挖掘中国传统文化的丰富素材与独特思想。以影视行业为例，一些国产影视作品热衷于照搬西方的叙事结构和拍摄手法，却忽视了中国传统文化中丰富的故事题材和独特的情感表达。在剧情设置上，缺乏对中国社会现实和人民生活的深入洞察，无法展现出中国传统文化中对家庭、亲情、友情等价值观的重视。这种缺乏中国特色的文化作品，无法打造出具有中国风格、中国气派的文化品牌，在国际文化市场上也难以产生重大影响，进而导致文化创新乏力，无法满足人民群众日益增长的精神文化需求。

（三）全球与本土的关系失衡

文化传播应是一个双向互动的过程，在保持自身文化主体性的前提下，积极吸收外来优秀文化，实现文化的交流与融合。在全球化的时代背景下，推动中华优秀传统文化"走出去"对于提升国家文化软实力、增强中华文化的国际影响力具有重要意义。然而，目前中华优秀传统文化在"走出去"的过程中面临着诸多挑战，这些挑战严重制约了中华优秀传统文化在国际舞台上的传播与发展。

在现实中，我国处理全球文化与本土文化关系时，存在明显的失衡。一方面，对本土文化自信不足，过度依赖外来文化，使得我国在国际文化交流中处于被动地位，难以充分展示本土文化的独特魅力与价值。例如，很多人对西方文化的了解远远超过对本国文化的了解，热衷于追捧西方的节日、时尚潮流等，而对中国传统节日、民间艺术等却知之甚少。另一方面，在吸收全球优秀文化成果时，缺乏批判性思维与融合能力，无法将外来文化与本土文化有机融合，实现本土化创新。在融合过程中，也没有充分发挥本土文化的优势，对本土文化的特色造成了一定的冲击。这种全球与本土关系的失衡，严重阻碍了中华优秀传统文化在国际文化舞台上的影响力提升，难以在全球文化交流中彰显中华文化的独特韵味和价值。

二 推动形成繁荣兴盛的中华优秀传统文化新图景

习近平总书记强调，"我们生而为中国人，最根本的是我们有中国人的独特精神世界"①。中华优秀传统文化是"独特精神世界"的集中体现，是中国人最基本的文化基因。我国正处于政治最稳定、经济最繁荣、创新最活跃的时期，伟大复兴的目标离我们越近，越需要艰苦努力，越需要增强人民力量、振奋民族精神，越需要从文化传承中汲取思想智慧、从文化创造中凝聚奋进力量。面对传统文化发展中的问题，需要不断在历史传承中挖掘和延续传统文化中的优秀基因，在与时俱进、开拓创新中坚持"两个结合"，在开放包容中彰显中华文化的韵味和魅力，以科学的态度推动形成繁荣兴盛的中华优秀传统文化新图景。

（一）在历史传承中延续文化基因

在历史传承中延续文化基因，是推动传统文化发展的关键路径。中华优秀传统文化中蕴含着诸多优秀基因，对社会发展和个人成长具有深远影响。"共同富裕""重精神"的思想观念、价值取向和精神追求是推动人民精神生活共同富裕的宝贵精神财富。深入挖掘和阐发传统文化中的优秀基因，对于传承和弘扬中华优秀传统文化、增强民族文化自信进而实现人民精神生活共同富裕具有重要意义。

中国传统文化中的大同思想反映出人民对于消灭剥削、实现共富的美好愿景，折射出朴素的共同富裕理想，对厘清人民精神生活共同富裕的内涵及精神富裕与物质富裕的关系等具有重要价值。中国传统文化中历来就有崇尚精神的优良传统，例如，朱熹指出，"人所以异者，以其有仁义礼智，若为子而孝，为弟而悌，禽兽岂能之哉"②，人的独特之处在于仁义礼智的品格，在于孝顺双亲，在于尊重兄长，这是对人精神境界的追求；

---

① 《习近平著作选读》（第一卷），北京：人民出版社，2023，第241~242页。
② （宋）黎靖德编《朱子语类》（第四册），武汉：崇文书局，2018，第1010页。

"孔融让梨""卧冰求鲤""举孝廉"体现了传统文化中对道德及道德教化的重视……这些优良传统表明中华民族自古以来对人的精神世界的关注，其中的思想精华对于当代推进人民精神生活共同富裕具有重要的借鉴意义。

为了更好地挖掘和阐发传统文化中的优秀基因，我们可以采取多种措施。其一，加强对传统文化经典的研究和解读。传统文化经典是传统文化的重要载体，蕴含着丰富的文化基因。对经典著作加以深入研究和解读，能够更加准确地把握其中的思想精髓，挖掘出其中的优秀基因。组织专家学者开展经典研读活动，撰写相关研究著作和论文，为大众解读经典提供指导。其二，开展中华优秀传统文化教育活动。在学校教育中，将中华优秀传统文化纳入课程体系，开设相关课程，如国学经典诵读、传统艺术鉴赏等，让学生从小接触和学习中华优秀传统文化，培养他们对中华优秀传统文化的兴趣和热爱。通过举办中华优秀传统文化讲座、展览、比赛等活动，如书法绘画比赛、诗词朗诵比赛等，激发学生学习中华优秀传统文化的积极性，让他们在实践中感受传统文化的魅力，传承和弘扬传统文化中的优秀基因。其三，利用现代科技手段，创新传统文化的传播方式，让更多的人了解和传承传统文化中的优秀基因。借助互联网平台，制作和传播有关中华优秀传统文化的短视频、动画、游戏等，以生动有趣的形式吸引年轻人的关注。一些短视频平台上出现了许多介绍传统手工艺制作过程的视频，让更多人了解到传统手工艺的魅力，激发他们对中华优秀传统文化的兴趣。利用虚拟现实（VR）、增强现实（AR）、混合现实（MR）、扩展现实（XR）、拟真现实（SR）等技术，打造沉浸式的传统文化体验场景，让人们身临其境地感受中华优秀传统文化的氛围，深化对中华优秀传统文化的认知和理解。

（二）在开拓创新中坚持文化规律

在开拓创新中坚持文化规律，是实现传统文化可持续发展的关键。"把马克思主义基本原理同中国具体实际相结合、同中华优秀传统文化相结合"[1]，既是坚持马克思主义的重要方法，也反映了中华文明的发展规

---

[1]　习近平：《高举中国特色社会主义伟大旗帜 为全面建设社会主义现代化国家而团结奋斗——在中国共产党第二十次全国代表大会上的报告》，北京：人民出版社，2022，第17页。

律。马克思主义与中华优秀传统文化是相互成就的，中华优秀传统文化使马克思主义具备了鲜明的中国特色，马克思主义让中华优秀传统文化具有了浓厚的现代韵味。要推进人民精神生活共同富裕，必须始终以"两个结合"这一规律性认识为指导，使中华文明焕发生机活力。

马克思主义与中华优秀传统文化具有高度的契合性，"两个结合"为中华优秀传统文化的发展注入了新的活力。马克思主义推动中华优秀传统文化走向现代，在马克思主义的指导下，中华优秀传统文化不断与现代社会相适应，不断成为具有时代特色的"新的文化生命体"①。一方面，马克思主义作为科学的世界观和方法论能够使人民具备现代历史意识。马克思主义传入中国以后，国人的思想观念发生深刻变化，不再一味地主张全盘西化和文化复古，具备了对待传统文化的正确态度，并将这种现代化意识融入文化发展的各方面，使中华文明的发展具有了现代化规划和未来构想。另一方面，马克思主义指导推动中华优秀传统文化不断实现创造性转化和创新性发展。马克思主义具有与时俱进的理论品质，应将"与时俱进"的思想观念运用到中华文明发展全过程，践行"在保持自己民族特色的同时包容、借鉴、吸收各种不同文明"②的理念。值得注意的是，马克思主义与中华优秀传统文化的契合并不否定其差异性，当前，坚持"第二个结合"的重点就是发现并解决"结合"过程中的矛盾。

首先，以马克思主义为"结合"方向。马克思主义作为科学的世界观和方法论，为中华优秀传统文化的创新发展提供了正确的指引。在文化创新实践中，我们要以马克思主义的立场、观点和方法去审视传统文化，辨别其中的精华与糟粕。运用马克思主义辩证唯物主义和历史唯物主义的观点，正确认识传统文化的历史价值和时代意义，摒弃那些不符合时代发展要求的封建迷信、等级观念等落后内容，取其精华、去其糟粕，让传统文化在新时代焕发出新的生机与活力。同时，在文化产业发展中，以马克思主义的人民立场为导向，确保文化创新成果能够满足人民群众日益增长的精神文化需求，创作出更多贴近群众生活、反映人民心声的文化产品，让

---

① 习近平：《在文化传承发展座谈会上的讲话》，《求是》2023年第17期。
② 习近平：《论党的宣传思想工作》，北京：中央文献出版社，2020，第406页。

优秀传统文化真正走进大众生活，服务大众。

其次，以中华优秀传统文化为"结合"内容。中华优秀传统文化源远流长、博大精深，蕴含着丰富的哲学思想、人文精神、道德理念等，是马克思主义中国化时代化的重要文化资源。深入挖掘中华优秀传统文化中的智慧结晶，如儒家的"仁爱""礼义"思想，道家的"道法自然"理念，墨家的"兼爱""非攻"主张等，并将这些思想融入当代文化创新中。在文化艺术创作领域，以传统文化中的经典故事、人物形象为素材，运用现代艺术表现手法进行创作，赋予传统文化新的艺术魅力；在文化理论研究方面，使马克思主义理论与传统文化中的哲学思想相互印证、融合发展，构建具有中国特色、中国风格、中国气派的哲学社会科学体系，为文化创新提供坚实的理论支撑。

最后，不断优化"结合"的形式。在文化实践中，鼓励文化工作者以马克思主义为指导，对传统文化进行创新性表达。在文学、艺术、影视等领域，创作一批具有时代特色和文化内涵的作品，将传统文化元素与现代艺术形式相结合，展现传统文化的魅力。"积极营造良好文化生态，充分发扬学术民主、文艺民主，支持作家、艺术家和专家学者扎根生活、潜心创作，推动文化创新创造活力持续迸发。"① 例如，一些影视作品以历史故事为背景，通过现代的拍摄手法和叙事方式，展现传统文化中的价值观和精神内涵，受到观众的广泛好评。

（三）在开放包容中彰显文化韵味

在全球化的时代背景下，秉持开放包容的理念，推动优秀传统文化"走出去"，构建人类文明共同体，是提升国家文化软实力、增强中华文化感召力的必然要求。

构建人类文明共同体是当今世界的发展趋势，传统文化在其中发挥着独特的作用。传统文化中蕴含的"和而不同""天下大同"等理念，为构建人类文明共同体提供了重要的思想基础。"和而不同"强调在尊重差异的基础上寻求和谐共处，不同国家和民族的文化虽然各具特色，但都可以在

---

① 《锚定建成文化强国战略目标 不断发展新时代中国特色社会主义文化》，《人民日报》2024年10月29日，第1版。

相互交流中实现共同发展。"天下大同"则体现了对人类共同理想社会的追求，倡导各国人民携手合作，共同创造一个和平、繁荣、公正、包容的世界。

在构建人类文明共同体的过程中，我们应充分发挥传统文化的价值，促进不同文明之间的交流互鉴。加强国际文化交流与合作，促进各国文化的平等对话和相互学习，共同推动人类文明的进步与发展。一方面，鼓励各国在文化领域开展合作项目，共同保护和传承人类文化遗产，促进文化的多样性和可持续发展。通过举办国际文化论坛、文化交流年等活动，增进各国之间在文化上的了解和友谊，推动不同文明之间的相互学习和借鉴。例如，近年来，中国在海外举办的"欢乐春节"系列活动，通过舞龙舞狮、戏曲表演、传统手工艺展示等形式，向世界展示了中国春节的文化内涵和独特魅力，吸引了众多外国民众的参与和关注，成为传播中国传统文化的重要品牌。另一方面，加强文化产业的国际合作，推动文化产品和服务的出口。鼓励文化企业加强对传统文化的创新开发，打造具有国际竞争力的文化产品，如动漫、游戏、影视作品等，将传统文化元素融入其中，通过国际市场的传播，让更多人了解和喜爱中华优秀传统文化。一些国产动漫作品以中国传统神话故事为蓝本，运用现代动画技术进行创作，在国际市场上获得了广泛好评，不仅传播了中华优秀传统文化，还取得了良好的经济效益。

第二节　以社会主义意识形态凝聚人民精神生活
共同富裕的思想共识

"人民有信仰，国家有力量，民族有希望"①，对主流意识形态的认同是人民精神富足的重要表现，坚定的理想信念是人民精神生活的思想基础，一旦人民对主流意识形态的认同和理想信念被动摇，人民精神生活的发展就会偏离正确的轨道。当前，我国在意识形态领域还面临着诸多挑战，应正视这些挑战，捍卫主流意识形态的引导性、安全性和控制力，建

---

① 《习近平著作选读》（第二卷），北京：人民出版社，2023，第35页。

设具有强大凝聚力和引领力的社会主义意识形态，筑牢人民精神生活共同富裕的思想基础。

一　人民精神生活共同富裕的意识形态阻碍

随着世界各国的交流交融程度不断加深，意识形态的差异和冲突也日益明显和激烈，一系列错误思潮涌入，冲击了主流意识形态对人民思想的引导能力，西方国家借机向我国渗透一系列资本主义价值观，对我国主流意识形态的安全性造成威胁，并利用网络平台制造网络舆论，企图削弱我国主流意识形态的控制力，这些意识形态领域存在的问题阻碍着人民精神生活共同富裕的实现。

（一）不良社会思潮冲击主流意识形态的引导性

理论竞争是意识形态竞争的焦点，而社会思潮是借助思想呈现出来的特殊理论，一旦为了获得特殊的利益借助社会热点事件而引导舆论导向，就会对主流意识形态造成严峻挑战。

主流意识形态对人民的思想具有正向引导作用，而不良社会思潮会对主流意识形态的引导力产生强烈冲击，主要表现在以下几方面。第一，自由民主主义对我国意识形态的挑战。自由民主主义打着"自由""平等"的旗号，宣扬民主是全民的，是无所不能的，具有很强的迷惑性和欺骗性，其实质上是资产阶级改良主义思潮，最终目的是延长资本主义的寿命。1991 年，苏联解体，冷战结束，福山的《历史的终结及最后之人》提出历史终结论，将所谓的"民主"吹捧为至高无上的存在。这里所说的"民主"不是一种有待你去证明可以良好运行的东西，而是一种万能灵药，根据这种观点，任何东西只要民主了，它就一定可以解决所有问题，民主的胜利、自由世界的胜利无须证明。比如，美国无论是发动阿富汗战争，还是发动伊拉克战争，都觉得自己是正义之师，是在替天行道。自由民主主义在我国的渗透迷惑了部分中国民众，对主流意识形态造成了威胁。第二，新自由主义对我国意识形态的挑战。新自由主义在经济上鼓吹自由化、私有化、市场化，在政治上主张否定公有制、否定社会主义、否定国家干预，其目的是在全球范围内宣扬资本主义的自由、民主、人权观念，从而否定马克思主义。新自由主义实质上是西方国家在全球范围内推行的"和平演变"策略，导致一些国民产生了"全盘西化"的错误思想，冲击了我国的主流意识形态。第三，历史虚无主义对我国意识形态的挑战。历史虚无主义是影响力较大的一种错误思潮，主要通过贬低否定中国革命、中国历史、中华文明古国、中国共产党的历史和领导，丑化英雄人物、美化反动阶级等行为达到攻击社会主义国家的目的，其实质是通过否定历史颠覆一个国家，背离了实事求是的原则。第四，"普世价值"对我国意识形态的挑战。"普世价值"以唯心史观和形而上学作为哲学基础，宣扬其观念是适用于任何时代和任何人的普遍真理，企图用存在于理想和抽象社会中的"自由""民主""人权"等观念对我国进行"西化"和分化。这些错误思潮归根结底都是对马克思主义的否定和歪曲，严重背离我国的主流意识形态，对人民的思想观念造成严重的冲击。

（二）敌对意识形态威胁主流意识形态的安全性

"西方敌对势力一直把我国发展壮大视为对西方价值观和制度模式的威胁，一刻也没有停止对我国进行意识形态渗透"[①]，敌对势力对我国进行的意识形态渗透严重威胁人民精神生活的健康发展，成为影响总体国家安全的重大风险。

敌对意识形态的渗透方式具有多样化、隐蔽性强的特点，西方国家在潜移默化中向中国人民传输西方资本主义的思想理论体系，严重威胁我国主流意识形态的安全性。一方面，以多样的文化产品为载体，向中国输送与主流意识形态相违背的西式价值观。如以影视作品为载体，敌对势力通过电影、电视剧宣扬西方国家自由、民主的形象，并树立"超级英雄"等人物形象，将自己的核心价值向我国进行渗透，迷惑一些人相信一些非主流意识形态；以出版物为载体，敌对势力在教材和其他读物中插入低俗的、有不良诱导作用的插图、文字等，扭曲中国人民特别是青少年群体的三观，试图引发爱国情怀的消退；以生活消费品为载体，敌对势力在中国大力推广西方的生活方式和娱乐方式、灌输西方核心价值观，这就会导致我国民众饮食文化、服饰文化等逐渐西化。另一方面，大肆宣扬"中国威

---

① 《习近平关于社会主义文化建设论述摘编》，北京：中央文献出版社，2017，第53页。

胁论""中国崩溃论"等抹黑、丑化中国的言论。随着中国综合国力的提升，以美国为首的西方国家一直企图在我国制造"颜色革命"，否定中国共产党的领导和社会主义制度的先进性。敌对势力利用其话语霸权，结合社会敏感话题，以中国发展过程中出现的一些突发性事件为突破口对中国进行"妖魔化"的描述，企图侵蚀中国人民的思想、信念，削弱中国人民对中国共产党的拥护，动摇他们的理想信念。

（三）负面网络舆论动摇主流意识形态的控制力

"数字化传播方式已成为当下价值传播的便捷渠道，衍生出网络意识形态安全治理的新要求。"① 在意识形态领域的竞争中，掌握了网络舆论的主动权，就意味着对一种思想文化具有强大的支配权。网络传播具有瞬间传播和全方位包围的特征，借助网络传播的影响力，意识形态之争会显著加剧。当前，负面舆论通过现代信息技术进行传播，动摇了我国主流意识形态的控制力。

其一，网络舆论场中意识形态多元化削弱主流意识形态的引领作用。网络舆论具有复杂性和多元性，网络舆论可以打破时空的界限，使不同意识形态汇聚到一起，造成价值传递和利益诉求多元化，其中不乏与主流价值观相违背的价值观念，一旦人们辨别是非的能力比较弱，就会盲从非主流的意识形态，从而削弱主流意识形态对人民思想的引领作用。网络舆论场中的意识形态渗透威力更强，网络舆论的传播者与接收者分别处于主动与被动的境地，前者通过民众的上网习惯掌握个人的偏好，并借助涉及性别问题、环保问题等的公共事件，发表带有意识形态渗透意味的评论或文章，从而起到"带节奏"的目的，潜移默化地使非主流的意识形态影响个人的世界观，这种渗透的范围更广、针对性更强、效果更明显。

其二，网络文化增强了人民思想和行为的随意性。网络舆论具有隐蔽性，个体以虚拟身份参与网络生活，暂时摆脱道德观念的束缚，把自身的利益诉求发布在网络上，寻求心理慰藉。非主流的意识形态从群体、情感等方面掌握网民，将意识形态渗透生活化，错误的思想观念在网络上不断

---

① 张莹、蔡卫忠：《全媒体时代网络意识形态安全治理的路径选择》，《山东社会科学》2023年第6期。

被传播、浏览、复制,越来越多网民原有的思想观念被改变,逐渐接受错误观念。因为网络具有虚拟遮蔽性,所以网络生活中的约束力变小,人们容易走向非理性的一端,甚至发表一些过激的言论,造成网络风气污浊。网民若长期处于非理性的网络空间,就会丧失判断能力,主流意识形态和道德的约束就会失效。网络的广泛应用是历史发展的必然,但是网络的利用也加剧了非主流意识形态对人们思想的侵蚀,削弱了主流意识形态的引领作用。

二 建设具有强大凝聚力的社会主义意识形态

在人民精神世界中,思想理论是根基和灵魂,起着整体奠基和总体统领的作用。习近平总书记指出:"我们必须坚持以立为本、立破并举,不断增强社会主义意识形态的凝聚力和引领力。"① 因此,要实现人民精神生活共同富裕,首先需要秉持"以立为本、立破并举"的方针,用正确的理论武装人民的思想,巩固中国共产党对意识形态工作的领导权,增强主流舆论的传播力和影响力,从而建立起具有强大凝聚力的社会主义意识形态,引领人民的思想,筑牢人民精神生活共同富裕的根基。

(一) 坚持马克思主义在意识形态领域的指导地位

"以立为本"的"立"就是确立马克思主义在意识形态领域的指导地位,"立破并举"的"破"就是运用马克思主义破除各种错误的思想舆论和社会思潮,进而起到巩固主流意识形态的作用。

坚持以马克思主义指导意识形态建设以增强科学性。历史和实践充分证明,马克思主义是科学的理论,意识形态领域必须坚持马克思主义的指导以确保其科学性。其一,加强对马克思主义的研究和创新。马克思主义的真理性与价值性需要深入研究和挖掘,需要对马克思主义理论的产生背景、发展历程及立场、观点和方法等进行深入研究,论证其科学性。马克思主义作为系统的理论,其内容具备一定的复杂性和深奥性,人们接受起来有一定的难度,因此,必须不断创新马克思主义的传播方式,做到理论与实践相结合,用形式的创新带动人民更好地认同马克思主义、坚定对共

---

① 习近平:《论党的宣传思想工作》,北京:中央文献出版社,2020,第339页。

产主义的信念。其二，不断推进马克思主义中国化时代化。时代条件是变化发展的，只有不断将马克思主义与变化发展着的实际相结合，赋予马克思主义鲜明的中国特色和时代特色，才能使经过马克思主义指导的意识形态具有更强的先进性、生命力和感召力。因此，必须"健全用党的创新理论武装全党、教育人民、指导实践工作体系"①，作为马克思主义中国化的最新理论成果，我们党必须将习近平新时代中国特色社会主义思想贯穿于意识形态建设全过程，坚持马克思主义在意识形态领域指导地位的根本制度。

坚持以马克思主义引领多样化的社会思潮以增强纯洁性。面对复杂多样的意识形态对主流意识形态的冲击，必须坚持正本清源，用马克思主义来回应非主流的意识形态，保障社会主义意识形态的纯洁性。其一，以马克思主义弘扬主旋律。在弘扬主旋律时，坚持以马克思主义的世界观和方法论为指导，"要懂得小事小节中有政治、有方向、有形象、有人格的道理，从小事小节上加强约束、规范自己，常掸心灵灰尘，常清思想垃圾，常掏灵魂旮旯"②，将爱国主义、集体主义和社会主义根植于人民的思想中，形成以马克思主义为核心的思想观念。没有任何力量能够遏制思想观念的多元性，要允许不同的价值观竞相发展，这不仅能够开阔人们的思维以丰富人民精神生活，而且能让人们在对不同思想观念的对比中，感悟马克思主义的科学性，认同马克思主义的思想魅力，使理想信念更加坚定。这正符合"在各种文化交汇融合中进一步壮大主流价值、主流舆论、主流文化"③ 的实践要求。其二，用马克思主义回应各种社会思潮。针对西方国家对我国意识形态的渗透，我们党坚决有效防范化解意识形态风险，用马克思主义分析其他意识形态的缺陷和危害，揭露其本质，在优劣对比中彰显马克思主义的人民性和实践性。以马克思主义的方法论为指导，敢于亮剑，敢于斗争，批判错误思潮，筑牢意识形态安全防线，使错误思潮对

---

① 《中共中央关于进一步全面深化改革　推进中国式现代化的决定》，北京：人民出版社，2024，第32页。
② 《习近平著作选读》（第二卷），北京：人民出版社，2023，第115页。
③ 《聚焦建设"五个中心"重要使命 加快建成社会主义现代化国际大都市》，《人民日报》2023年12月4日。

人民思想的侵蚀最小化。

坚持马克思主义在高校意识形态领域指导地位。当今世界正处于百年未有之大变局，经济全球化、政治多极化、文化多元化、信息智能化已经成为不可逆转的历史大势。开放型世界经济与全球化浪潮，为高校思想政治工作提供了强劲动力，也带来各种价值和信念的博弈，争论焦点在于众多相互对峙的理念以及相互冲突的不同价值判断何为优先。高校思想政治理论课承担着对大学生进行系统的马克思主义理论教育的任务，必须引导大学生掌握马克思主义看家本领。马克思主义是高校思想政治理论课的根本指导思想，是高校意识形态工作的旗帜，这就要求我们巩固马克思主义在高校意识形态领域的指导地位，用马克思主义占领高校意识形态阵地。面对错综复杂的全球形势，面对风起云涌的各种思潮，教育者应不惧风急浪高，既不能遮掩回避、视而不见，也不能惊慌失措、乱了阵脚，而是要秉持马克思主义理论教育观的基本理念，学有底气，信有底色，行有底蕴，研习透彻，使马克思主义成为教育生活、社会实践创新的鲜明标识。一方面，让大学生能够带着反思批判深入透视热点与盲区问题。引导大学生免受西方"普世价值"、新自由主义、历史虚无主义等观点和思潮的纠缠与误导，从容应对高校面临的各种社会意识形态风险，学会正确的思维方法，对社会主义前景充满信心，树立正确的理想信念。另一方面，用马克思主义经典涵养正气。结合国际视野和历史视野使马克思主义常讲常新，使大学生对我们党的创新理论和马克思主义理论的科学性、价值性在文化逻辑上形成清晰明了的认知，即知其然且知其所以然，培养大学生"正确认识世界和中国发展大势，正确认识中国特色和国际比较，正确认识时代责任和历史使命，正确认识远大抱负和脚踏实地"[①] 的能力，使主体认知、主体意愿、主体自觉与主体践行融为一体，奠定政治认同、价值认同的思想基础，用坚定的信仰、信念、信心影响更多的人。

（二）加强中国共产党对意识形态工作的全面领导

意识形态决定着一个政党的性质，中国共产党必须牢牢掌握意识形态

---

① 张烁：《把思想政治工作贯穿教育教学全过程 开创我国高等教育事业发展新局面》，《人民日报》2016年12月9日，第1版。

领导权，才能保证意识形态工作的正确方向。因此，中国共产党必须完善意识形态工作责任制，在党内落实好对意识形态工作的责任，持续加强理想信念教育工作，保证人民具备坚定的理想信念，自觉信仰马克思主义，拥护中国共产党。

中国共产党要完善意识形态工作责任制。坚持党对意识形态工作的领导是根本原则，而只有明确意识形态工作应该由谁负责、为何负责、如何负责，党开展意识形态工作才能取得实效。首先，明确"关键少数"在意识形态工作中的责任，增强"关键少数"的阵地意识，使其做到守土有责、守土负责、守土尽责。其次，创新意识形态管理工作方法，提高信息化水平。非主流意识形态往往借助信息化手段进行渗透，因此，我们党在巩固意识形态领导权的过程中也要善于利用信息化手段，加强对网络舆情的监管，将消极影响最小化。最后，提升意识形态管理工作的制度化水平。只有通过制度明确责任，各级党组织才能更好地开展工作，做到思想自觉、责任自觉、行动自觉。

中国共产党要加强理想信念教育。理想信念是精神上的钙，加强理想信念教育有助于铸牢远大理想和共同理想，增强人民群众的政治认同、思想认同和情感认同。首先，要引导群众往"形"上走。要在全社会开展习近平新时代中国特色社会主义思想的学习教育，展现马克思主义最新理论成果的理论魅力，增强理论学习的自觉性和主动性，让人民群众自发用先进理论武装头脑，这是推进人民精神生活共同富裕的根本行动指南。其次，要引导群众往"深"里走。让群众在形式上接触到先进的思想理论之后，还要引导群众深入理解先进思想理论的深层意蕴，体悟先进思想理论的精髓要义；同时，人民群众还要自觉地加强对"具有强大思想引领力、精神凝聚力、价值感召力、国际影响力"①的新时代中国特色社会主义文化、伟大民族精神和时代精神的学习，筑牢人民团结奋斗的共同思想基础。再次，要引导群众往"心"里走。人民群众要将先进的理论成果内化于心，从内心认同先进理论，并信仰马克思主义。最后，要引导群众往

---

① 《锚定建成文化强国战略目标 不断发展新时代中国特色社会主义文化》，《人民日报》2024年10月29日，第1版。

"实"里走。人民群众还应将先进理论成果外化于行。人民群众在有了共同的奋斗目标之后，要切实将精神力量转化为物质力量，激发文化创新创造的活力，投身于精神文明的创建活动之中。

（三）增强主流舆论的引导力和影响力

"舆论战"是主流意识形态斗争的形式之一，通过舆论宣传深刻影响民众的思想和社会的氛围以达到预期目的。习近平总书记强调："坚定不移走中国特色社会主义文化发展道路。……这条道路最本质的特征，就是坚持党的领导。……必须把党管宣传、党管意识形态、党管媒体、党管互联网原则落实到位，提升信息化条件下文化领域治理能力，在思想上、精神上、文化上筑牢党的执政基础和群众基础。"① 面对网络舆论的冲击，主流舆论要不断增强引导力和影响力，确保中国共产党的意识形态充分彰显优势，在社会意识形态体系中始终居于主流，推动新时代宣传思想文化事业取得历史性成就，引导人民的精神世界积极向上。

第一，增强主流媒体的公信力。主流媒体是中国共产党进行思想宣传工作的主要窗口，承载着弘扬社会主义核心价值观、厚植爱国情怀和汇聚正能量的作用，对舆论具有重要的引导作用。一方面，主流媒体要重"引导"以提升公信力。"媒体在信息传播、增进互信、凝聚共识等方面发挥着不可替代的重要作用。"② 主流媒体在面对众多网络舆情时，要善于发现人民的关注重点和思想倾向，对这类网络舆情给予回应，而不能采取回避、压制等损害公信力的手段。通过主流的声音进行回应，不仅能避免网络空间中的谣言迷惑人民群众的思想，而且能够展现中国共产党敢于担当、善于担当的形象。另一方面，主流媒体要重"管理"以提升规范性。网络舆论中不乏违背社会主义核心价值观的内容，主流媒体要发挥在舆论中的正向作用，增强辨别是非的本领，积极传播主流声音，使人民接触到更多正向的内容。主流媒体还应对宣传的内容进行严格的审查和监管，防止出现有争议的言论，并时刻谨防敌对势力"带节奏"的行为。此外，主流媒体工作者要兼顾政治性和专业性。习近平总书记指出："要加快培养

---

① 习近平：《加快建设文化强国》，《求是》2025 年第 8 期。

② 《习近平书信选集》（第一卷），北京：中央文献出版社，2022，第 87 页。

造就一支政治坚定、业务精湛、作风优良、党和人民放心的新闻舆论工作队伍。"① 这就要求舆论工作者不仅要具备过硬的专业知识，而且必须加强党性修养，具备高度的政治鉴别力和敏锐性，始终站在党和人民的立场开展舆论工作，巩固壮大奋进新时代的主流思想舆论。

第二，提升网民正能量的影响力。网络空间中的主体是网民，数量庞大的网民之间的网络行为是相互影响的，因此，要构建清朗的网络空间，就要积极回应网民关切，重视发挥网民正能量的影响。要拓展渠道保证网民在网络上释放正能量，对网民对某一事件的正向评论要予以强调和扩散，从而影响其他网民对这一事件的态度。在众多网民中，还有少数网络意见领袖的存在，他们能够改变网络舆论的走向，必须倾听他们的声音，并协助他们发出更多正面、理性的声音，给予普通网民更多正向的引导；如果出现消极言论，要控制传播，防止对其他网民的思想造成负面影响，并对发布消极言论的网民进行有针对性的引导，使整个舆论走向积极。此外，有部分网民刻意散布网络谣言或者发布不当言论，企图瓦解人民群众的信仰，对于这种情况，要加强监管，对刻意散布谣言甚至出现违法犯罪行为的，必须严肃处理。

第三，推动传统媒体与新媒体的融合发展。媒体在信息传播、增进互信、凝聚共识等方面发挥着不可替代的重要作用。传统媒体一般是单向性传播，能够直接明确地传播主流观点，具有较强的权威和公信力，而新媒体传播具有速度快、范围广、交互性强的特点，二者优势互补，融合发展。一方面，要借助传统媒体的公信力，弘扬主旋律，给人民群众提供鲜明的立场，对网络舆论进行积极引导，弥补网络舆论公信力较弱的不足。另一方面，要结合新媒体在信息服务、吸引力和受众黏性上的优势，加快主旋律的弘扬速度并不断扩大主流价值观的受众，多角度、全方位地进行信息传递和舆论引导，提升信息化条件下文化领域治理能力。传统媒体与新媒体相互融合，构建全媒体传播格局，是应对国际舆论和提升我国文化软实力的有效方式，要利用二者的融合讲好中国故事，传播好中国声音，根本在于传播理念，应不断提升传播力、引导力、影响力、公信力，以我

---

① 《习近平谈治国理政》（第二卷），北京：外文出版社，2017，第333页。

为主，以理服人，以情动人，向国际社会展现出大国风采和大国担当，打造具有国际影响力的媒体集群。

（四）增强维护国家意识形态安全能力

党的二十大报告提出，要"坚定维护国家政权安全、制度安全、意识形态安全……严密防范系统性安全风险，严厉打击敌对势力渗透、破坏、颠覆、分裂活动"①。如果发生意识形态风险又扛不住，国家安全就可能面临重大威胁。贯彻总体国家安全观，要创造性转化、创新性发展中华优秀传统文化，继承革命文化，坚持社会主义先进文化前进方向，广泛践行社会主义核心价值观，改进创新精神文明建设工作，"加强宪法法治教育、国家安全教育、国防教育"②，提升全民国家安全意识和素养，筑牢国家安全人民防线，防范和抵制不良文化的影响，掌握意识形态领域主导权，对各种风险挑战做到胸中有数，增强文化自觉，坚定文化自信。在百年未有之大变局与新的动荡变革期相互交织的背景下，应以习近平文化思想超越话语的分歧与竞争，主动跳出西方固化语境和叙事结构，对精准破解"泛安全化"困境、打破二元对抗观念做出原创性话语贡献。"2021 年我国居民人均可支配收入超过 3.5 万元，比 2012 年增长近八成，形成世界最大规模中等收入群体；群众安全感由 2012 年的 87.55% 上升至 2021 年的 98.62%，成为公认的'世界上最安全的国家之一'。"③ "中外有关民调报告显示，中国受访者对政府的信任度、民主状况的满意度、廉洁政府认同度均超过九成，在受访国家中始终名列前茅。"④ 这就要求"努力实现更高质量、更有效率、更加公平、更可持续、更为安全的发展，在发展中使广大人民群众的获得感、幸福感、安全感更加充实、更有保障、更可

---

① 习近平：《高举中国特色社会主义伟大旗帜　为全面建设社会主义现代化国家而团结奋斗——在中国共产党第二十次全国代表大会上的报告》，北京：人民出版社，2022，第 53 页。
② 《中共中央　国务院印发〈教育强国建设规划纲要（2024—2035 年）〉》，中国政府网，2025 年 1 月 19 日，https://www.gov.cn/gongbao/2025/issue_11846/202502/content_7002799.html。
③ 《十年砥砺奋进　绘写壮美画卷——写在党的二十大胜利召开之际》，《人民日报》2022 年 10 月 15 日，第 1 版。
④ 中华人民共和国国务院新闻办公室：《新时代的中国国家安全》，《人民日报》2025 年 5 月 13 日，第 1 版。

持续"①。面对世界之变、时代之变、历史之变，立足战略机遇和风险挑战并存的安全新态势，要健全国家安全体系，加强重点领域安全能力建设，"以高效能治理促进高质量发展和高水平安全良性互动"②。任何煽动意识形态对立，以意识形态划线，把经济科技问题政治化、武器化的行径，我们都绝不答应，以确保"中国式现代化行稳致远"，并在精神生活建设领域与世界各国共促发展、共护安全、共享成果，为实现中华民族伟大复兴筑牢安全屏障。

第三节　以崇德向善道德境界营造人民精神生活共同富裕的向上氛围

精神生活共同富裕在道德维度上要求个体具备高尚的道德素养并自觉遵守道德准则，要求社会形成向上向善的文化氛围、公正公平的社会规范。通过道德建设，能够从整体上营造人民精神生活共同富裕的氛围，置身于"真善美"氛围中的人们，能够自觉追求更高的精神境界，从而达到精神富足的状态。

一　人民精神生活共同富裕的道德建设障碍

"道德作为一种彰显人性之善、挺立人的主体性的实践精神"③，是人民精神生活的重要组成部分，也是实现人民精神生活共同富裕的重要力量。当前，人民物质世界的富足极大提升了人民的生活质量，也刺激了人的欲望无限膨胀，制造了一系列道德危机，阻碍了人民精神生活共同富裕的实现。

（一）社会公德危机

随着人们的物质财富逐渐增加，民众的道德素养本应不断提升，但事

---

① 《习近平谈治国理政》（第四卷），北京：外文出版社，2022，第270页。
② 《适应形势变化 把握战略重点 科学谋划"十五五"时期经济社会发展》，《人民日报》2025年5月1日，第1版。
③ 郭卫华：《论精神生活共同富裕的道德之维》，《道德与文明》2023年第5期。

实并非如此。随着道德危机多样化，社会公德滑坡现象严重。社会公德滑坡主要体现为部分民众道德结构不完善，对他人、社会、环境的关注度和责任感欠缺，这折射出"公"与"私"的较量。

其一，社会公德滑坡表现为部分民众对他人的同情心欠缺。社会公德要求个体对处于弱势中的他人给予必要的关心和帮助，但是部分民众以自我的得失利弊为中心，衡量得失利弊之后以冷漠的态度对待弱势群体，有时还会造成不可挽回的后果。还有部分民众尽管有帮助弱势群体的道德认知，但是在付诸行动时会采取不恰当的方式，例如，不注重保护弱势群体的隐私，有时不仅不能对弱势群体起到帮扶作用，还会对弱势群体的心灵造成伤害。人们对他人同情心的欠缺与物质财富的充盈出现负相关，在追逐物质财富的过程中，道德素养的提升有时会被忽略，从而造成精神世界的贫乏。

其二，社会公德滑坡表现为部分民众对社会的责任感不足。人的行为，只有当它出于对社会和人民的责任感时，才具有道德价值。当前，个体的独立意识增强，部分民众集体观念淡漠，在涉及集体、社会和国家利益时，表现出事不关己的态度。社会责任感的缺失使人们无法厘清个人利益与社会集体利益的关系，滋生出承担社会责任会吃亏、无好处的错误观念。还有部分官员道德沦丧，社会责任感、历史使命感缺失，被金钱、权力蒙蔽，滋生出贪污、受贿、以权谋私等现象。人们社会责任感的欠缺助长了长期存在的极端利己主义，社会公德建设任重道远。

其三，社会公德滑坡表现为部分民众对环境的爱护心不足。爱护环境是社会公德的应有之义，但由于环境是公共的，一些民众的"公心"缺失，日常环保意识薄弱。一方面，部分民众在日常生活中未能将环保意识内化于心。当前，民众整体环保意识有所提升，但是仍然会忽略日常生活中存在的一些环境问题，对公共环境污染漠不关心。另一方面，部分民众在日常生活中未能将环保意识外化于行。部分民众在日常生活中仍然秉持着便利原则，未能积极践行环保理念、形成低碳环保的生活方式。

（二）诚信道德危机

诚信是中华民族的传统美德，但是在时代飞速发展之中，社会出现的诚信道德危机，折射出"义"与"利"的失衡，反映出人们精神的贫乏与虚无。

从主观方面来看，部分民众的诚信价值观缺位。一方面，人们受功利主义思想的诱导。当下一些人片面追求利益而丧失了诚信道德，一些企业更是以次充好，打破道德底线。这些道德滑坡现象有时可能与经济快速发展有着紧密的联系，一旦对物质的追求过于极端，人们就会突破道德底线做出失德行为。另一方面，部分民众没有树立正确的诚信价值观。诚信价值观为人民判断善恶、荣辱等提供基本准则。部分民众由于缺乏坚定的、正确的诚信价值观引导，无法作出正确的价值判断和价值选择。

从客观方面来看，社会场域缺乏浓厚诚信氛围。其一，社会高速发展，传统诚信文化未能得到充分的创造性转化和创新性发展。科技打破了传统的空间壁垒，社会不再是传统的熟人社会，尤其是随着互联网的发展，传统诚信文化面临挑战，一些诚信文化内容未能及时推陈出新，与现代社会相适应。其二，诚信教育的协同性不够。当前，我国诚信教育以学校教育为主，忽视了诚信教育的全面性和延续性。诚信教育不仅是学校的必修课，而且是全社会的一堂大课。家庭教育是诚信教育的源头，学校教育为诚信教育奠定牢固基础，社会教育巩固完善诚信教育，就目前情况而言，家庭、学校、社会三方未形成合力，未能推动全社会形成"讲诚信、重诚信、践诚信"的氛围。其三，诚信教育流于形式，未能做到入脑、入心。诚信教育的方式较为单一，多数为直接灌输。随着社会多样化发展，人们对诚信教育提出更高要求。当下，诚信教育资源开发方式和具体教育方式都有待完善。此外，诚信教育的实效不强，部分民众未能将诚信充分地内化于心、外化于行。诚信教育效果短暂化问题归根结底是因为诚信教育的深刻性和持续性不强，未能触及人们的深层思想。

（三）网络道德危机

网络空间的创新发展、安全发展、普惠发展已经呈不可逆转之势，中国的网民数量庞大，花费在网络上的时间也与日俱增，网络空间的道德问题日益凸显，成为当前民众道德困境的重要组成部分。网络道德问题主要表现在网络道德认知模糊、网络道德情感冷漠和网络道德行为失范上。

在网络道德认知方面，网络空间的特殊性影响人们的道德认知。与现实世界不同，网络空间具有虚拟性和隐匿性，人们在网络空间的身份可以是虚构的，一些网民会借此在网络空间散布消极情绪，甚至做出攻击他人的行为，丧失道德感，有时甚至触碰了法律红线都还未意识到；还有一些网民沉溺在网络空间中，造成认知的狭隘和极端，对网络空间的道德规范不够清楚，对网络规范的边界也不够了解，从而随波逐流，遮蔽了自身向善的道德本性。此外，网络空间的内容具有局限性和针对性，在网络空间中的个体常常处于信息茧房之中，接触的内容千篇一律，"网络同质化信息带来持久的精神麻醉"①，使个体丧失基本的道德认知，从而作出错误的道德判断。"算法推荐加热低俗信息、加剧'信息茧房'、加重观点极化等问题风险"②，以及网络空间充斥的负面信息、消极行为挑战着人与人的和谐关系，而当个体长久地接触到违背道德底线的内容，其道德感可能会不断钝化。

在网络道德情感方面，网络信息的特殊性影响人们的道德情感。良好的道德信任感与道德敬畏感有利于人们遵守道德准则，而在网络空间，信息的冗杂性和碎片化，使人们的道德情感难以形成或被稀释。一方面，网络信息具有冗杂性，人们在网络空间可以接触到大量的信息，这些信息真假难辨且更新速度极快，人们难以在有限的时间内对这些信息进行判断，导致合乎道德的信息难以对人们形成正面影响，起到增强人们道德信任感与道德敬畏感的作用，而违背道德的信息出现在人们的视野中时，由于网民对信息的真实性无暇判断，这些信息可能会潜移默化地稀释人们对道德准则原本的信任与敬畏。另一方面，网络信息具有碎片化的特征，网络成为人们日常生活的重要组成部分，人们在碎片化的时间中接收网络信息，而道德情感的形成是一个长期的过程，网络信息的碎片化使人们无法在短期内形成正确的道德情感，从而无法在分析网络信息的基础上汲取道德养分。

在网络道德行为方面，一旦人们在网络空间中道德认知被弱化、道德

① 朱金德、武文颖：《网络时代道德敬畏感弱化问题研究》，《理论探索》2022年第5期。
② 《中央网信办持续加强信息推荐算法治理》，中华人民共和国国家互联网信息办公室网站，2025年5月22日，https://www.cac.gov.cn/2025-05/22/c_1749536203490537.htm。

情感被稀释，网络道德行为就会失范。网络空间激化了人与人的矛盾，人们在网络空间中变得更加肆无忌惮，忽视他人的感受，对他人作出负面判读和消极解读，甚至恶意造谣诋毁他人，对他人的身心造成伤害，这些行为使人与人之间的和谐关系受到挑战，人们的精神生活走向偏激和极端。网络空间弱化了人与集体的关系，在网络空间中，个人与现实世界处于脱节状态，人的社会化程度有所降低，人在精神生活中处于孤立状态，个人与他人、集体的联系减弱。

二　加强道德教育引导和"四个着力点"建设

要坚持精神生活建设着眼于人、落脚于人。人民精神生活共同富裕的重要表现就是人民思想道德素养的普遍提高，思想道德素养对于提高人民精神境界具有基础性意义。应通过强化社会主义核心价值观引领从根本上明确人民精神生活的价值导向和精神引领，并发挥思想政治教育的教化作用使人民主动向上向善，再通过社会公德、职业道德、家庭美德、个人品德建设"四个着力点"，夯实实现人民精神生活共同富裕的道德基础。

（一）强化社会主义核心价值观引领

"一个民族、一个国家的核心价值观必须同这个民族、这个国家的历史文化相契合，同这个民族、这个国家的人民正在进行的奋斗相结合，同这个民族、这个国家需要解决的时代问题相适应。"[1] 社会主义核心价值观是对当代社会道德体系的高度概括，是符合人民群众根本利益的价值观念，充分展现了中华文明的深厚底蕴，能够奠定坚实的思想道德基础并深入人心。"坚持以社会主义核心价值观为引领，将国家、社会、个人层面的价值要求贯穿到道德建设各方面"[2]，着力培育和践行社会主义核心价值观，要深刻理解社会主义核心价值观的丰富内涵，准确把握其精神实质，坚持社会主义核心价值观对道德认知、道德情感和道德实践的引领，引导人们明大德、守公德、严私德。

首先，以社会主义核心价值观引领人们的道德认知。社会主义核心价

---

① 《习近平著作选读》（第一卷），北京：人民出版社，2023，第242页。
② 《十九大以来重要文献选编》（中），北京：中央文献出版社，2021，第228页。

值观将国家、社会和人民的价值要求凝聚在一起，人们只有完整准确地将其内化于心，才能够形成正确的道德认知。"富强、民主、文明、和谐"的价值目标规定了经济、政治、文化和社会层面的文明形态，能够引领人们创造与享有更为发达的人类文明新形态，促使人们努力达到物质富足和精神富有的理想境界。"自由、平等、公正、法治"的价值目标能够推动在全社会形成讲道德、尊道德、守道德的精神生活氛围，涵养自尊自信、理性平和、积极向上的社会心态。"爱国、敬业、诚信、友善"的价值目标立足人民的价值要求、个人的价值规范、日常的价值实践，引领民众自觉提升思想文化素质，充实和完善自己的精神世界。通过强化社会主义核心价值观的引领，可以帮助人民在道德认知层面明确国家利益、社会利益和个人利益的关系，处理好公与私的关系。

其次，以社会主义核心价值观培养人们的道德情感。社会主义核心价值观中的价值要求，尤其是个人层面的价值要求对于培养道德情感具有重要作用。在运用社会主义核心价值观培养人们道德情感的过程中，要结合个人的道德发展现状和道德情感倾向，有针对性地向人们开展宣传，真正做到以理服人、以情动人。

最后，以社会主义核心价值观指导人们的道德实践。践行社会主义核心价值观的过程也是人们道德实践的过程，道德认知和道德情感的培养都要落脚到正确的道德行为上。一方面，要把社会主义核心价值观"与人们日常生活紧密联系起来，在落细、落小、落实上下功夫"①。要注重道德修养，以小为善，将价值认同与道德实践相结合，使社会主义核心价值观成为日常的行为准则。另一方面，以丰富多样的活动践行社会主义核心价值观，让社会主义核心价值观生动活泼地体现在日常生活中，以实践锤炼道德品质和道德意志，不断构筑中国精神、中国价值、中国力量。

（二）发挥思想政治教育的综合作用

思想政治教育承载着立德树人的任务，发挥思想政治教育的规范、协调、动员、引导作用，能够引领人们成为信念坚定、求知上进、崇德向善的人。思想政治教育是一个持续的过程，应依靠思想政治教育的功能优势

① 《习近平谈治国理政》（第一卷），北京：外文出版社，2018，第165页。

使受教育者了解道德规范、认同道德规范，自觉遵守道德底线，拥有良好且稳定的思想道德素质，润物细无声地给学生以人生启迪、智慧滋养、精神力量。"牢牢把握用习近平新时代中国特色社会主义思想铸魂育人这一主线，各级各类学校全面贯彻党的教育方针，不断推动思想政治教育创新发展，将培育和践行社会主义核心价值观融入教育教学全过程，引导广大青少年在学思践悟中焕发新活力、展现新气象。"① 坚持思想政治教育与党的创新理论武装同步推进，"青少年思想政治教育是一个接续的过程，要针对青少年成长的不同阶段，有针对性地开展思想政治教育"②，深入推进大中小学思想政治教育一体化建设。

思想政治教育要使人们对道德的遵从由自发向自觉转变。首先，思想政治教育必须向受教育者传授行为规范，将道德准则作为教学内容，教会人们遵从规则，但此时受教育者对道德准则的遵从可能仅停留在自发层面，没有从情感上认同，不能做出自觉行为。其次，思想政治教育要强化受教育者对道德准则的情感认同，使人们认识到自身在家庭、集体、社会乃至国家中的特定角色，自觉承担起责任，将道德规范内化于心、外化于行。在这一过程中，教育者要积极创新思想政治教育的内容安排和教学方式，善于调动人们的情感，挖掘规则背后的情感诉求，做到以情感人、以情动人。更为重要的是，思想政治教育要引领受教育者自觉投身于道德实践中。思想政治教育要把理论与实践结合起来，融入社会实践、志愿服务、实习实训等活动中，创办形式多样的"行走课堂"，通过开展道德践履活动，引导受教育者适时把道德认知转化为道德实践，在实践锤炼中将道德规范转化为自觉行为。

思想政治教育要使人们在坚守道德底线的前提下追求更高的道德境界。人们的道德水平具有可塑性，不能以遵守道德底线作为教育的重点，通过教化使人们能够遵守道德底线，是思想政治教育在道德方面最基本的目标。要使人们能够追求更高的道德境界，就要梳理各门专业课程所蕴含

① 高毅哲：《为党育人 为国育才——党的十八大以来教育战线牢记习近平总书记嘱托推进教育改革发展综述》，《中国教育报》2022 年 10 月 15 日，第 1 版。
② 《坚持党的领导传承红色基因扎根中国大地 走出一条建设中国特色世界一流大学新路》，《人民日报》2022 年 4 月 26 日，第 1 版。

的思想政治教育元素和所承载的思想政治教育功能，注重挖掘中华优秀传统文化对理想人格和精神境界的追求，实现思想政治教育与知识体系教育的有机统一。中华优秀传统文化中不乏追求崇高道德境界的先贤，应以此为示范，激励受教育者不断提升自己的道德水平，以磅礴的道德力量推进精神生活的富足。应不断推动思想政治教育创新发展，注重因地制宜宣传英雄模范、道德榜样，在传播先进事迹和突出贡献中引导人们追求其中体现出来的忠诚、负责、执着、朴实的优秀品格，有效发挥先进典型的示范、引领和辐射作用，引导受教育者在为家庭谋幸福、为他人送温暖、为社会做贡献中提高精神境界，培育道德风尚。

（三）把握好道德建设的"四个着力点"

道德力量是精神力量的重要组成部分，要增强道德力量，必须把道德建设融入人们生活的各个方面，使人们在潜移默化中成为具备良好思想道德素质的人，从而实现精神的富足。"构建中华传统美德传承体系，健全社会公德、职业道德、家庭美德、个人品德建设体制机制，健全诚信建设长效机制"①，通过深化社会公德、职业道德、家庭美德、个人品德"四个着力点"建设，国家的道德力量增强、社会的道德风貌向上、人民的道德素质提升。

把握好道德建设的"四个着力点"，要以社会公德建设为准则，增强人们的社会责任感。人的本质属性是社会属性，每个人都是置身于社会的人，必须遵循一定的社会公德。社会公德作用的发挥需要利用舆论的力量，通过媒体传播践行社会公德的事例，引导人们见贤思齐。同时，在保护个人隐私的情况下，相关部门对违背社会公德的事例进行曝光，用舆论约束民众的行为。社会公德作用的发挥还需要做好网络道德建设，网络空间成为民众公共生活的重要组成部分，必须重视网络道德问题。"依托正能量算法增加对'正向''有用''温暖''信任'等内容挖掘，在算法推荐中充分呈现。……微信视频号完善'好友推荐'和'算法推荐'双重机制，不断迭代升级识别打击模型，严禁低俗恶俗等典型不良信息进入推荐

---

① 《中共中央关于进一步全面深化改革　推进中国式现代化的决定》，北京：人民出版社，2024，第33页。

池。"① 应通过合理引导网络自媒体,保障网络空间的内容供给是正向积极的,并利用"敏感词设置""过滤器软件"等不断加强网络空间的监管,营造清朗的网络空间。

把握好道德建设的"四个着力点",要以职业道德建设为基础,培养人们的敬业精神。在高等学校课程思政建设方面,要"深化职业理想和职业道德教育"②,帮助学生了解相关专业和行业领域的发展态势,了解国家发展战略和行业需求,增强职业责任感,教育引导学生准确理解并自觉践行各行业的职业精神和职业规范。要在全行业大力倡导爱岗敬业、诚实守信、公道办事、奉献社会的职业道德,这些准则是全行业都需要践行的,必须大力倡导,但也要注重建立富有行业特色的职业道德规范。每个行业有每个行业的特殊性,只有根据职业特征的不同区别化建立道德规范,才能让道德规范为人们所信服、遵从。要建立针对职业道德的奖惩机制,将职业道德与薪资、晋升等联系起来,通过评选职业道德先进个人,激发人们的职业尊严感与荣誉感。

把握好道德建设的"四个着力点",要以家庭美德建设为源头,促使人们接受良好家风的熏陶。良好的家风对一个人的道德熏陶和精神建设具有重要影响,但随着社会的转型,家庭模式发生变化,为家庭美德的建设带来挑战。因此,要注重家风建设,长辈要做到言传身教,使孩子从小耳濡目染,形成良好的德行;要挖掘中华传统美德中的"尊老爱幼""孝亲敬长"等优秀因素,为家庭美德建设提供丰富资源;要开展各式各样的亲情活动,让家庭成员在相处之中增进了解,使其关系更加融洽。

把握好道德建设的"四个着力点",要以个人品德建设为起点,推动全社会形成崇德向善的良好氛围。要"加强公民道德建设,发挥先进典型示范作用,进一步形成向上向善的社会风尚"③。社会的道德水平集中体现在个人品德上,只有每个人都拥有良好的个人品德,全社会才会形成文明

---

① 《中央网信办持续加强信息推荐算法治理》,中华人民共和国国家互联网信息办公室网站,2025年5月22日,https://www.cac.gov.cn/2025-05/22/c_1749536203490537.htm。

② 《教育部关于印发〈高等学校课程思政建设指导纲要〉的通知》,中国政府网,2020年5月28日,https://www.gov.cn/zhengce/zhengceku/2020-06/06/content_5517606.htm。

③ 《推动精神文明建设高质量发展 为强国建设民族复兴提供强大精神力量》,《人民日报》2025年5月24日,第1版。

有礼的氛围。一方面，要发挥外力作用，加强个人品德教育，社会、家庭、学校要形成合力，注重提高人的品德修养，还可以通过树立道德模范，为人们提供道德标杆，引导民众向善。另一方面，要发挥内力作用，每个人要在实践中锤炼道德品质，在为民服务中实现人生价值、展现人生风采。

第四节　以充盈富足精神财富制造人民精神生活共同富裕的优质供给

围绕人民精神生活共同富裕这一核心，以及精神福祉、社会公平、共享发展等重点优化文化供给，在"富裕"层面，精神文化产品的供给要尽可能充足，在"共同"层面，文化产品供给要体现公平正义，缩小不同区域、城乡之间的文化供给差异。归根结底，衡量文化供给就是看能否满足人民多元化、个性化、品质化的精神文化需求，只有适应高质量发展的文化供给才能应对人民在精神文化需求领域呈现的新特点，进一步发挥高质量精神财富在精神生活共同富裕中的重要作用。

一　人民精神生活共同富裕的文化供给障碍

社会主要矛盾的转变揭示了在人民精神领域中需求与供给不平衡的问题，"人民日益增长的美好生活需要"包含了对美好精神生活的需要，对精神生活提出了高质量发展的要求，"不平衡不充分的发展"包含了精神生活领域发展的不足，这就构成了精神供给与精神需求不相匹配的矛盾。

（一）精神文化需求呈现新特点

精神文化需求是指人民对精神生活目标样态的设想，以及为了实现这一设想而产生的需求。在物质领域的需求得到满足以后，人民开始关注精神领域的需求，因而人民主观感受上的满足是实现人民精神生活共同富裕的基本要求，应"让人民群众获得感、幸福感、安全感更加充实、更有保障、更可持续"[1]。"三感"关涉人民群众生活的方方面面，也是衡量人民

---

[1] 《习近平谈治国理政》（第四卷），北京：外文出版社，2022，第60页。

在精神领域的需求是否得到充分满足的重要指标。其中，安全感是人民精神生活共同富裕的基础指标，获得感是人民精神生活共同富裕的较高指标，幸福感是人民精神生活共同富裕的最高指标。

当前，人民所期待的是高品质、高质量的精神生活，其精神需求呈现"多样化、多层次、多方面"的特点。"多样化"是人们精神需求的一个突出特点。由于科学技术的发展，加之主体的物质基础、成长环境等存在差异，人们出现了个性化、智能化的精神文化需求。"多层次"是人们精神需求的又一特点。精神文化呈现出不同的层次，主要分为传统和现代、高雅和通俗、经典和流行等，人们对于不同层次的精神文化有自主选择的权利。"多方面"也是人们精神需求的特点之一。人们对美好生活的需要涉及多个方面，精神需求也涉及多个方面。在精神领域衍生出求知、审美、娱乐等新需求和幸福感、获得感、归属感等新要素。精神生活需求端的特征对供给端提出了更高要求，即"优化文化服务和文化产品供给机制，以高质量文化供给不断丰富人民精神世界、增强人民精神力量"[①]，为人民群众提供多样化的文化产品和服务、满足人们多层次的精神文化选择，实现人们多方面的美好生活期待。供给与需求的不匹配会成为推进人民精神生活共同富裕的制约因素。

（二）精神文化供给能力不充分

精神文化供给主要指为人民提供的精神文化资源、精神文化产品等一系列有利于人民精神生活富裕的物品，也可以称之为"精神食粮"或"精神源泉"。人民获得怎样的"精神食粮"决定着精神生活的水平和质量。

当前，人民精神生活发展整体落后的情况得到显著改善，但精神文化供给仍然不能够很好地满足人民群众对精神文化的需求。这种不足主要表现在以下两方面。其一，先进精神文化资源未得到充分利用。精神文化资源主要包括中华优秀传统文化、革命文化和社会主义先进文化等，这些资源对人民精神生活的滋养作用还未完全发挥出来。中华优秀传统文化的创造性转化和创新性发展存在方式方法相对落后、平台载体发展不充分和主体动力相对不足等问题，造成中华优秀传统文化中蕴含的丰富精神资源难

---

① 《习近平文化思想学习纲要》，北京：学习出版社、人民出版社，2024，第87页。

以对人民的精神生活产生积极作用；革命文化具有深厚的历史底蕴，对革命文化渊源、地位、内容和价值的挖掘不足；社会主义先进文化具有强大的精神力量，其凝聚力和引领力的发挥还有待加强。优秀文化资源开发不足，导致传统的生态观光、网红打卡旅游体验模式仍在市场中占主导地位。当前，文旅体验对象停留在自然景观、建筑立面等初级层面，产品纵深浅，内容丰富程度低，造成消费者旅游时长较短、体验感不足，不能充分了解在地文旅特色。其二，精神文化产品的数量和质量相对不足。当前，精神文化产品的数量和质量在很大程度上得到了提升，但是仍然存在同质化、商业化、娱乐化等问题。一些精神文化产品的生产者原创力不足、距离生活太远，在自己创作的舒适圈里不断重复，甚至存在抄袭现象。一些产品与其他竞品无明显差异。项目自身资源挖掘利用不足，优势开发深度不够，导致内容上千篇一律，爆款项目单一化，模式运营无创新，这些都会大幅消耗消费者的耐心及兴趣。部分创作者为了追求创作速度而选择闭门造车，凭空想象或虚构内容，或为了使作品具备更高的商业价值而迎合一些低俗趣味，缺乏内涵和深度，导致文化产品单一，缺少优质内容吸引消费者进行二次乃至多次消费，客单消费偏低，大大弱化了消费者黏性。精神文化资源和精神文化产品存在的不足导致人民的精神生活需求得不到满足，阻碍了精神生活共同富裕的实现。

（三）精神文化供给能力不平衡

在精神文化供给能力上，不仅应提供更多精神文化产品和服务，而且应使全体人民共同享有这些产品和服务。然而，东部地区与中西部地区特别是边疆地区的人民、城镇与农村人民在精神生活领域的发展上存在很大差距。这种差距从供给和需求两个方面表现出来，从供给看主要表现为精神文化产品、公共文化设施和服务在区域、城乡之间存在差距，从需求看主要表现为不同区域、城乡之间的人民对精神生活的追求和重视程度存在较大差异。

从供给领域的差异来看，不同区域、城乡之间居民可以获得的精神文化资源存在差异。根据国家统计局编著的《中国统计年鉴2022》的数据来看，在公共图书馆的藏书量方面，2021年，广东公共图书馆藏书量为

12687 万册，为全国最高，而全国最低为西藏，仅 263 万册；人均拥有公共图书馆藏书量最高的是上海，为 3.3 册，最低的是河南，为 0.42 册。在规模以上文化及相关产业法人单位数方面，广东为全国最多，达到 10552 个，西藏仅 33 个，为全国最低。[①]

从以上数据可以看出，不同区域的人民能够获取的精神文化资源、精神文化产品和服务存在较大差异。精神文化供给充足的省份主要集中在经济发达地区，而欠发达地区在供给上比较匮乏，直接导致了人民精神生活发展水平的差距。人民精神生活区域、城乡发展不均衡的问题主要是由于物力支持和其他相关保障存在差异。经济较发达的地区和城镇能够为人民的精神生活提供更多的物力支持，人民能够享受到更加齐全、更加优质的精神文化资源，而经济欠发达的地区和农村由于资源有限，尽管人民的精神需求日益凸显，也无法为人民提供全面的精神文化产品和服务。

二　培养适应高质量发展的精神文化供给能力

"没有优秀文化作品，其他事情搞得再热闹、再花哨，那也只是表面文章，是不能真正深入人民精神世界的，是不能触及人的灵魂、引起人民思想共鸣的。"[②] 要解决精神生活领域的供需矛盾，必须聚焦供给侧，通过充分挖掘优质的精神文化资源为人民提供充足的精神养料，使人民形成自信自立、奋发有为的精神样态；精神文化产品的创作者要坚持以人民为中心的创作导向，贴近生活，创作出更多人民喜闻乐见的作品，丰富人民的精神世界；拓展群众性精神文明创建活动，依靠人民"共建"提高精神文化供给能力。

（一）充分挖掘优质的精神文化资源

文化民族的精神命脉。文化具有凝聚人民、滋养精神的作用，是人民精神生活的力量来源。中华优秀传统文化、革命文化和社会主义先进文化共同构成了中国特色社会主义文化，要充分挖掘优质的精神文化资源，需

---

① 《中国统计年鉴 2022》，国家统计局网站，2023 年 10 月 20 日，https://www.stats.gov.cn/sj/ndsj/2022/indexch.htm。

② 习近平：《在文艺工作座谈会上的讲话》，北京：人民出版社，2015，第 7 页。

要从几方面协同推进，即促进中华优秀传统文化创造性转化和创新性发展以激活中华文明，弘扬革命文化的红色基因和精神品格以磨炼精神品质，推动社会主义先进文化改革创新以凝聚精神合力。

要促进中华优秀传统文化创造性转化和创新性发展。一方面，要重新审视中华优秀传统文化的角色和作用，挖掘其中的积极因素，并结合时代要求推动其内涵和表现形式的创新，使其成为涵养人民生活的精神源泉，让传统文化转变为促进人民精神富足的现实力量。另一方面，要推动中华优秀传统文化和马克思主义相结合。党的二十大报告强调，要"把马克思主义思想精髓同中华优秀传统文化精华贯通起来"[1]，用马克思主义激活中华优秀传统文化。马克思主义是能帮助我们把握时代的科学理论，能够推动中华优秀传统文化与时代更好地结合。要坚持把马克思主义贯穿中华优秀传统文化创造性转化、创新性发展的全过程，确保过程的科学性和系统性；马克思主义是科学的方法论，要坚持用马克思主义指导中华优秀传统文化的创造性转化和创新性发展，使中华优秀传统文化更好地为时代发展服务，更好地为当代人民的精神发展服务，赋予中国式现代化以深厚底蕴。

要弘扬革命文化的红色基因和精神品格。革命文化是中国共产党领导中国人民在伟大斗争中构建的文化，集中体现了中国共产党和中国人民的精神风貌与思想品格。革命文化中蕴含崇高的革命理想、坚定的革命信念和必胜的革命信心，是坚定人民理想信念、丰富人民精神世界的重要资源。革命文化中包含的红色故事、红色经典具有很强的感染性和教育性，能够在人民群众中厚植革命精神。此外，革命文化具有浓厚的"斗争"性质，这一性质与推进人民精神生活共同富裕的需求十分契合。习近平总书记强调："敢于斗争是我们党的鲜明品格。我们党依靠斗争走到今天，也必然要依靠斗争赢得未来。"[2] 人民群众在接受革命文化的熏陶和浸润之后，自觉加强斗争历练，在斗争中学会斗争，在斗争中成长提高，锤炼斗争精神、斗争本领，敢于斗争、善于斗争，把握斗争方向，掌握斗争规律，增

① 习近平：《高举中国特色社会主义伟大旗帜　为全面建设社会主义现代化国家而团结奋斗——在中国共产党第二十次全国代表大会上的报告》，北京：人民出版社，2022，第18页。

② 《习近平谈治国理政》（第四卷），北京：外文出版社，2022，第80页。

强斗争本领，全面做强自己，将具备克服前进道路上各种困难的勇气和斗志，这会成为促进其自身精神富足的重要动力。

要推动社会主义先进文化的改革与创新。社会主义先进文化是面向现代化、面向世界、面向未来的优秀文化，具有鲜明的时代特征。社会主义先进文化之所以先进，就是因为它始终随着时代的变化改革创新。要发挥社会主义先进文化对人民精神的滋养作用，就必须继续推动社会主义先进文化在改革中进步、在创新中发展。要使社会主义先进文化与我国发展的实际相结合，融入精神生活共同富裕的全过程，贯穿改革开放和社会主义现代化建设的全领域，体现在精神文化产品创作的各方面，用改革创新精神激活社会主义先进文化，发挥先进文化铸魂塑形的强大感召力，打造全体人民共有的精神家园。

（二）坚持以人民为中心的创作导向

文艺工作者要坚持以人民为中心的创作导向。既然当前的精神文化作品不能够很好地满足人民的需求，在创作过程中就更应该把造福人民作为根本价值取向，即创作者应深入人民群众生活，以人民群众为作品主体，并采取人民喜闻乐见的方式呈现其作品。只有这样的作品才能够贴近人民，对人民的精神世界产生积极影响。

精神文化产品的创作者要深入人民群众生活。人民是精神文化产品的受众，同时也是精神文化产品创作的源头活水，这就要求精神文化产品的创作者必须扎根人民、扎根生活。要扎根人民，使精神文化产品反映人民群众的诉求。生产精神文化产品的目的是为人民服务，精神文化产品的创作者应扎根人民，倾听人民群众的心声，将人民群众的诉求和真实生活状态融入作品之中，创作出反映时代特征的独特作品，而人民群众现实生活的多样性和丰富性也为精神文化产品的创作提供了不竭的源泉。只有扎根生活，才能使精神文化产品引起人民的共鸣。创作者如果一味地空想，导致创造出的作品远离实际生活，就不能对人民的精神世界造成影响。因此，创作者必须体味生活百态，拥有丰富的生活经验，只有这样其作品才能够贴近生活，具备深刻的情节和生动的细节，起到激荡人心的作用，使人民的精神世界日益充盈。

精神文化产品的创作者要把人民作为作品的主体。"广大文艺工作者不仅要让人民成为作品的主角,而且要把自己的思想倾向和情感同人民融为一体,把心、情、思沉到人民之中,同人民一道感受时代的脉搏、生命的光彩,为时代和人民放歌。"① 这样才能刻画出特定时代条件下人民对生活的期待、人民真实的生活状态、人民真切的感受,塑造出鲜活的人物形象。在奋力实现中国梦的进程中,不同领域都涌现出许多具有代表性的人物,例如,在科技领域,有献身科研、创造卓越科技成就的科学家;在医疗领域,有兢兢业业、救死扶伤的医护人员;在乡村振兴过程中,有淡泊名利、在平凡岗位上辛勤付出的基层工作者……此外,将人民作为创作的主体,还要注重把握人民生活的主流和趋势,宣扬积极正向的价值观。总之,精神文化产品只有将普通人民作为主体,将人民的生活状态作为内容,将时代要求作为基调,才能更好地满足人民对精神文化产品的期待。

精神文化产品的创作者要以人民喜闻乐见的方式进行创作。形式是内容的载体,精神文化产品的创作者对内容有了构思之后,还要采取人民乐于接受的形式将其展现出来。习近平总书记指出,应"以充沛的激情、生动的笔触、优美的旋律、感人的形象创作生产出人民喜闻乐见的优秀作品,让人民精神文化生活不断迈上新台阶"②。随着人民对精神文化作品的鉴赏能力不断增强,人民喜闻乐见的方式不只是通俗易懂,其更多地强调表现形式的多样,即根据人民群众的需求选择作品的呈现方式,始终将人民作为作品的鉴赏者和评论者,而绝不能以使作者自我欣赏、自我陶醉或是自我感动的形式来呈现。

(三)拓展群众性精神文明创建活动

人民群众是实现精神生活共同富裕的依靠力量,"群众性精神文明创建活动是人民群众改造社会、共建共享美好生活的创举"③,是依靠人民群众丰富精神文化供给的重要举措。精神文化供给不仅包括文化资源和文化产品,还包括丰富的精神文明创建活动。应不断拓展群众性精神文明创建

---

① 《习近平谈治国理政》(第四卷),北京:外文出版社,2022,第 323 页。
② 习近平:《在文艺工作座谈会上的讲话》,北京:人民出版社,2015,第 14 页。
③ 《十九大以来重要文献选编》(上),北京:中央文献出版社,2019,第 100 页。

活动，让广大人民群众参与到精神文化供给中，从共建中获得更加真切的获得感、幸福感和安全感。

拓展群众性精神文明创建活动要坚持两个原则。一是坚持脱虚向实的原则。精神生活具有抽象性特征，以活动为载体能够使人民切实地感受到精神生活的丰富，因此，在开展群众性精神文明创建活动中，要选取真实有效的内容、采用丰富多样的形式将活动开展得有声有色、富有实效，起到感化人心、净化灵魂的作用。精神文明创建活动不能仅仅流于形式，要在活动中发现人民群众在精神生活上存在的问题，通过群众之间的互帮互助解决人民精神领域的困惑。二是坚持突出特色的原则。不同地区在开展群众性精神文明创建活动时，要结合本地区的资源优势，使精神文明创建活动吸引更多群众、打动更多群众。例如，重庆地区可以结合渣滓洞等红色资源开展感悟革命精神的活动，区别于传统常规业态，围绕红岩文化推动实现场景、资源、内容、营销全链路升级，并以城市定制逻辑，通过打造独特主题场景、特色活力业态、城市垂直圈层、落实"一地一策"与"共创共生"等方式，陶冶人民的情操，使其达到更高的精神境界。此外，特定节日有特殊的寓意，在精神文明创建活动中结合节日特征，可以增强活动的针对性。例如，结合世界读书日开展活动，吸引更多老百姓主动读书，分享心得，促进人们精神的交流。

群众性精神文明创建活动必须坚持创新，拓宽渠道，才能吸引更多人民群众参与其中。一方面，活动的组织者要在活动形式上进行创新，根据主题变化采取不同的形式。如果所有活动都采取相同的形式开展，就会削弱群众对活动的积极性，从而导致参与者流失。因此，要采取新颖的形式吸引群众，活动的过程要环环相扣，使群众乐在其中，吸收充足的精神养分。另一方面，要拓宽群众参与的渠道，让人民群众成为活动的主导者。只有群众切身参与活动，才能对其精神世界造成影响。在精神文明创建活动中要设置群众参与的环节，加强互动，并建立激励机制，推动群众积极参与到活动的各个过程中，激发人民实现精神生活共同富裕的内生动力。

第四章　人民精神生活共同富裕的教育力量

扎根中国大地办教育是习近平总书记关于教育的重要论述的主线和精髓。它既是习近平新时代中国特色社会主义思想的世界观和方法论在教育领域的具体体现，同时又是中国特色社会主义教育事业进入新时代的教育理想和教育追求，开拓了马克思主义教育思想的新境界。这一新境界必然要求探索人民精神生活共同富裕中最高层次的道德信仰——道德之理由，这不仅要求对道德理由进行时代追问，还反映出对精神生活的最高价值取向和存在意义的终极向往。境界德育具有丰富的文化传统和深远的存在意义，通过确立高校境界德育的价值取向，为促进全体人民精神生活共同富裕和人的全面发展提供扎实的思想根基，是中国高等教育的重要目标，也是中国人民奋斗精神作为推动实现中华民族伟大复兴强大力量发挥作用的重要支撑。要直面创新教育中为谁奋斗、奋斗何以实践、奋斗怎样生成的新时代之问，基于人民奋斗精神的历史之源、实践之基、生成之路三重维度，形成以目标-过程-实效为核心的新时代中国人民奋斗精神生成机理创建理念，并扎实推进人文教育，"坚定信心、勇毅前行，开拓创新、真抓实干，为实现建成教育强国的宏伟目标而不懈奋斗"①，助力人民精神生活共同富裕，最终实现教育发展方式从规模发展向内涵发展转变，努力走出一条中国特色教育高质量发展之路。

第一节　扎根中国大地办教育开创精神力新格局

习近平总书记指出："我们要认真吸收世界上先进的办学治学经验，

---

① 习近平:《加快建设教育强国》,《求是》2025 年第 11 期。

更要遵循教育规律，扎根中国大地办大学。"① 办大学如此，办其他教育也要遵循这一最重要的原则，这也是我们最大的优势。探索中国特色社会主义教育发展道路，不断武装头脑、提升工作针对性和实效性，对于我们加快推进教育现代化、建设教育强国、办好人民满意的教育、形成人的自由而全面发展新格局具有重大的指导意义。

一　借鉴世界先进办学治学经验是扎根中国大地办教育的重要基础

当今我国教育总体发展水平进入世界中上行列，教育的国际影响力稳步增强，中国教育已经进入提高质量、优化结构、促进公平的新阶段。新征程上，习近平总书记基于世界百年未有之大变局加速演进的世界背景，把教育新的历史方位和使命，放在确保中国共产党长期执政、党和国家长治久安的战略中加以谋划，放在中国特色社会主义事业后继有人、实现中华民族伟大复兴中国梦的全局中予以考量，强调要"加强中外人文交流、以我为主、兼收并蓄"②，这要求我们胸怀"两个大局"，做好自己的事情，并打破长期以来教育发展唯西方马首是瞻的局面。事实上，教育本身即经验的改造，世界一流大学办学都是与国家的政治要求紧密相连的，这是一流大学形成和壮大的基本规律。当今时代，任何关起门来搞教育的想法，任何拒人于千里之外的做法，都是逆时代潮流而动的。中国既坚定不移走自己的路，又遵循世界文明的共同发展规律。吸收融合国际先进的教育经验依然是人心所向，是不断壮大我国教育实力和综合国力的重要基础，也为建设社会主义教育强国提供坚强思想保证、强大精神力量、有利文化条件。

（一）共建开放合作的世界教育目标

当前全球价值链、教育链与供应链深入融合发展，世界发展面临着同样的教育难题，没有哪一个国家能独自解决。习近平总书记强调："这就需要我们从纷繁复杂的局势中把握规律、认清大势，坚定开放合作信心，

---

① 习近平：《青年要自觉践行社会主义核心价值观——在北京大学师生座谈会上的讲话》，北京：人民出版社，2014，第13页。
② 《习近平著作选读》（第二卷），北京：人民出版社，2023，第36页。

共同应对风险挑战。"① 这是对经济全球化历史大势的整体部署，也是对教育全球化行动的统一定位，明确了开放合作是增强教育活力的重要动力，也是共谋人类精神幸福的时代要求。有学者认为，全球教育治理是国际社会各行为体通过协调、合作、确立共识等方式参与全球教育事业的管理，以建立或维持理想国际秩序的过程。这有助于全球教育达到提供全纳、公平的优质教育，使人人可以获得终身学习机会的目标。② 首先，完善开放合作理念，高质量践行"教育 2030 行动框架"。世界各国政府要本着合作、开放、负责的理念，集思广益、惠及各方，把一个纸面上的教育承诺落实为实际行动，推进教育价值共识和共同愿景的形成。中国支持"教育 2030 行动框架"融入"中国教育现代化 2035"，制定达到世界先进水平的教育质量标准，统筹推进教育现代化，让各国教育都从中受益，实现共同发展。其次，明确开放合作重点，加强全方位互联互通。如深化高校信息、生命、制造、能源、空间、海洋等前沿领域合作；创办"立足中国，面向国际"的新国际学校，推进中国特色海外国际学校建设。最后，强化开放合作机制，构建全球互联互通伙伴关系。如继续将共建"学分银行"制度同各国教育发展战略有效对接并协同增效；全面推进共建"一带一路"教育行动，形成全方位、多层次、多元化的开放合作格局；进一步建设南南合作与发展学院，其致力于分享中国和发展中国家治国理政经验，为广大发展中国家培养政府管理高端人才；加强中外高级别人文交流机制建设等，为教育领域务实合作提供坚实保障。截至 2023 年 7 月，中国与全球 188 个国家和地区建立了教育合作与交流关系，截至 2024 年，有 85 个国家把中文纳入国民教育体系，国际中文学习者和使用者累计已超过 2 亿人，我国在国际上合作建成了 30 余个"鲁班工坊"，大受欢迎。我国坚持合作"拉手""拆墙"，避免"松手""筑墙"，并积极承担国际责任，深度参与全球教育规则和标准制定，改进创新全球人民精神文明建设工作。

（二）共建开放创新的世界教育内容

教育是中国开放创新的重要领域，必须坚持创新在我国现代化建设全

---

① 《习近平著作选读》（第二卷），北京：人民出版社，2023，第 212 页。

② 杜越：《联合国教科文组织与全球教育治理——理念与实践探究》，北京：教育科学出版社，2016，第 2 页。

局中的核心地位，积极激发各类教育主体的创新激情和活力。与发达国家相比，当前我国创新能力还不适应高质量发展要求，教育创新与服务潜力尚未充分释放，习近平总书记指出要"为党育人、为国育才""培养学生爱国情怀、社会责任感、创新精神、实践能力""在加快推进教育现代化的新征程中培养担当民族复兴大任的时代新人"。[①]"扎根"并不意味着夜郎自大，而是要求以全球教育问题为导向，以全球教育需求为牵引，准确识变、科学应变、主动求变，在各方实践载体、多元政策保障、丰富环境营造上下功夫，在创新主体、创新基础、创新资源、创新环境等方面持续发力，在把握规律的基础上实现变革创新。一方面，正视自身的不足，重视引进全球先进的教育方式、优秀成果。借鉴其他国家的优秀教育理念和成功教育改革经验，取长补短，融通中外，同时避免中国的好教育成为其他好的教育的跟随者和复制者。另一方面，积极推动各国人工智能与教育教学融合发展。聚焦高质量主题，关注行业的发展，针对自主创新，重点引导教育创新和制度创新"双轮驱动"。如建设一批全球虚拟仿真体验教学中心，助推高校在高新技术应用、超级计算机等领域产出更多服务国家战略、具有国际影响力的标志性成果，培养全球教育创新的实践品格，促进全球人民在思想上、精神上紧紧团结在一起。

（三）共建开放共享的世界教育过程

当前在复杂多变的发展环境中，我国教育制度、人才资源基础都有明显优势，教育需求也呈现多元化多层次特征，以量子信息、移动通信、物联网、区块链等为代表的新一代信息技术以及全球教育变革正在拓展以学习者为中心的教育新疆域，这些都是共建开放共享的世界教育过程的有利条件；但是我国优质教育资源总量不足，区域之间和校际教育资源配置不均衡的问题还很突出，当前教育发展状况与人民群众对高质量教育体系的需求之间的差距亟待缩小，让全体人民同步共享优质教育的工作还需要提速。应始终从人类共同利益出发，坚持以人民为中心思考教育，以开放的心态和举措，确保人民群众共享教育发展成果，把教育全球共享的机制做

---

① 习近平：《在教育文化卫生体育领域专家代表座谈会上的讲话》，《人民日报》2020 年 9 月 23 日，第 2 版。

实、全球合作的方式做活，其背后依托的是"发展为了人民、发展依靠人民、发展成果由人民共享"的教育发展观。一方面，充分发挥留学生作为中外友好交流民间大使的作用，完善来华留学教育质量保障机制。习近平总书记指出："要加快构建中国话语和中国叙事体系，用中国理论阐释中国实践，用中国实践升华中国理论，打造融通中外的新概念、新范畴、新表述，更加充分、更加鲜明地展现中国故事及其背后的思想力量和精神力量。"① 如2021年来自28个国家的36位外籍青年代表给习近平写信，讲述他们在中国各地走访的体会感悟，这就能引导更多国外民众认识可信、可爱、可敬的中国形象，正确并多元地理解与评述中国。另一方面，积极助推教育资源共建共享和国际化进程。我们不是营造自己的后花园，而是建设各国共享的百花园，在中国和世界的联系互动中探讨人类共同面对的教育课题，构建全球教育共同体。如以共建课程、实施"国际青年领袖对话"项目等方式，推进全球各国青年英才沟通交流，满足更多世界人民精神文化需求、保障人民文化权益，使各国青年英才确立为人类和平与发展贡献智慧和力量的远大志向，为推动构建人类命运共同体贡献青春力量。

二　优先发展教育事业是扎根中国大地办教育的核心战略

习近平总书记强调："教育传承过去、造就现在、开创未来，是推动人类文明进步的重要力量。"② 可以说，我们党对教育规律的认识达到了新高度，深刻揭示了教育振兴与构建人类命运共同体之间的内在联系，科学阐明了新时代教育工作的新目标新要求。那么，要想很好地发挥教育促进个体发展与社会发展的功能，赶超发达国家，作为发展中国家，我国的核心战略就必须注重优先满足教育发展的基本需求，这体现出对中国基本国情的深刻把握，也是让人民享有更加充实、更为丰富、更高质量的精神文化生活的必然要求。

---

① 《加强和改进国际传播工作 展示真实立体全面的中国》，《人民日报》2021年6月2日，第1版。
② 《习近平致首届清华大学苏世民书院开学典礼的贺信》，《人民日报》2016年9月11日，第1版。

（一）教育需要关注人类当下的内在生命和未来的自我实现

教育是关乎个人、社会和人类的一项庄严而神圣的事业。教育回归本质，坚持人类优先的理念，教育者要善于发现学习者的天赋，主动调动其能动性，实现人尽其才、因材施教。具体来说：从合价值性的角度看，教育促使学习者向善的方向发展，总是关注学习者发展的价值方向；从合认知性的角度看，教育意味着一种内在的、深刻的思想转变，并引导持续的反思过程；从合自愿性的角度看，教育意味着学习者的主观接纳与积极认同。习近平同志提出教育是"对中华民族伟大复兴具有决定性意义的事业"[1] 的重要论断。基于此，习近平同志又拓展升华，提出"建设教育强国是中华民族伟大复兴的基础工程"[2]"建成教育强国是近代以来中华民族梦寐以求的美好愿望""中国特色社会主义教育强国，应当具有强大的思政引领力、人才竞争力、科技支撑力、民生保障力、社会协同力、国际影响力"[3]，这使得中国教育具有了深邃的思想内涵和时代价值，体现出对我国教育发展战略科学认识的深化，"不许宣传高考状元""打压学位房""双减"就是尽量让每个人成才，就是明显的教育战略信号。面对错综复杂的国际国内形势，面对日益接近实现的民族复兴梦想，面对艰巨迫切的重点领域关键环节改革任务，我国能否办好教育，取决于能否更高质量、更有成效地以教育促进人与人进行精神交流和对话，使人因知识而获得解放，让人精神面貌更加奋发昂扬，最终推动人格的陶冶和人性境界的提升，这从根本上决定着学习者当下内在生命的质量和未来自我价值能否实现，决定着培养出来的学生是否心中有党、有国家、有人民，能否为实现中华民族伟大复兴贡献力量。

（二）教育需要坚守顶层总体谋划和日常久久为功

教育是国之大计、党之大计。习近平总书记清晰把脉，提出"九个坚持"的新思想、新论断、新观点，其中既包括由教育的政治保证、根本任

① 《习近平关于社会主义社会建设论述摘编》，北京：中央文献出版社，2017，第49页。
② 习近平：《决胜全面建成小康社会　夺取新时代中国特色社会主义伟大胜利——在中国共产党第十九次全国代表大会上的报告》，北京：人民出版社，2017，第45页。
③ 《紧紧围绕立德树人根本任务　朝着建成教育强国战略目标扎实迈进》，《人民日报》2024年9月11日，第1版。

务、发展战略、发展道路、价值立场、根本宗旨、根本动力、重要使命、
主体力量组成的高屋建瓴的科学体系，也包括为新时代中国教育改革发展
提供的内容丰富的路线图和逻辑严密的方法论。《关于深化教育体制机制
改革的意见》《关于全面深化新时代教师队伍建设改革的意见》《统筹推进
世界一流大学和一流学科建设总体方案》等都进行了务实精准的顶层设
计，效果显著。习近平总书记在思考中国办大学问题时，认为办大学最重
要的是人们心中的声誉，是自己的底蕴，是自己的积累①；要把学习作为
一种追求、一种爱好、一种健康的生活方式，做到自觉学习、主动学习、
终身学习②。这也彰显了习近平总书记作为政治家思考教育问题的开阔视
野和高远站位。十年树木，百年树人，一所学校通过树人来获得声誉，则
需要久久为功。当今谈论世界名校的教学和科研水平时，最受关注的无不
是从校友中产生的一大批各行各业的精英。而当前这些精英在社会上的表
现，实际上反映的是大学过去的教育成果。因而，大学教育水平需要一个
很长的周期来考察。大学生毕业工作生活几十年后，慢慢领悟到自己的人
生岁月都受益于大学这段时光，并且其还激发出自身终身学习热情，使自
身精神文化生活日益丰富，才能说这是一所好大学，这种衡量标准也集中
体现了中国新阶段的教育理念。

（三）教育需要适度超前部署与精准补齐短板

教育是具有先导性、全局性与基础性的产业。按照马克思主义的教育
思想，毛泽东同志强调"教育与劳动结合"③，邓小平同志强调"教育要面
向现代化，面向世界，面向未来"④，江泽民同志强调"我们必须把教育摆
在优先发展的战略地位"⑤，胡锦涛同志在此基础上进一步强调"优先发展
教育，建设人力资源强国"⑥，都体现了我们党在不同时期对教育事业会影

① 朱珉迕：《习近平回应复旦校长：不要太在意排行榜，一流大学终究要看底蕴和声誉》，
中国青年网，2017年3月6日，https://news.youth.cn/gn/201703/t20170306_9226589.htm。
② 《习近平关于全面从严治党论述摘编》，北京：中央文献出版社，2016，第140页。
③ 《毛泽东文集》（第七卷），北京：人民出版社，1999，第398页。
④ 《邓小平文选》（第三卷），北京：人民出版社，1993，第35页。
⑤ 《十四大以来重要文献选编》（上），北京：人民出版社，1996，第25页。
⑥ 胡锦涛：《高举中国特色社会主义伟大旗帜 为夺取全面建设小康社会新胜利而奋斗——
在中国共产党第十七次全国代表大会上的报告》，北京：人民出版社，2007，第37页。

响甚至决定接班人质量的执着信念，对教育是推动党和国家各项事业发展
的重要先手棋的认识不断深化。习近平总书记又基于新时代教育发展的突
出问题和薄弱环节，提出"必须把教育事业放在优先位置，深化教育改
革，加快教育现代化，办好人民满意的教育"①。这就强调了教育发展的前
瞻性，要适度超前部署教育现代化，以教育信息化支撑引领教育现代化，
用教育现代化服务支撑国家现代化，切实把教育放在优先发展的战略地
位。第一，财政优先投入，教育投入取得不凡的成绩。"一个不低于、两
个只增不减"要求保证国家财政性教育经费支出占国内生产总值的比例一
般不低于 4%，确保财政一般公共预算教育支出逐年只增不减，确保按在
校学生人数平均的一般公共预算教育支出逐年只增不减。2019 年国家财政
性教育经费支出首次突破 4 万亿元，2016～2019 年年均增长 8.2%；2019
年占 GDP 比例为 4.04%，连续第 8 年保持在 4% 以上。从教育经费支出结
构的特点来看，"十三五"时期，基本上一半以上的经费用于统筹推进义
务教育均衡发展；一半以上的经费用于中西部地区，拓宽教育的投资渠
道，不断扩大优质教育资源供给，优化高等教育布局与结构，改善办学条
件。第二，战略优先部署，制定面向教育现代化的战略任务。如《中共中
央　国务院关于学前教育深化改革规范发展的若干意见》，将教育发展规
划与经济社会发展规划有效衔接，力争把建设教育强国的战略任务转化为
可操作、可落地、可监测、可评估的基本途径和政策举措，推动形成科技
引领、教育发展、民生改善的教育可持续发展综合体系，坚持推进教育治
理体系和治理能力现代化。又如《中国教育现代化 2035》战略规划，提出
加强创新人才特别是拔尖创新人才的培养、实现规模化教育与个性化培养
的有机结合等。第三，困难优先解决，把发展教育扶贫作为补齐贫困地区
发展短板的治本之计。习近平总书记明确提出教育是"脱贫致富的根本之
策"②，我们应通过合理的公共资源配置，精准解决教育脱贫问题，阻断贫
困代际传递，促进满足人民文化需求和增强人民精神力量相统一。例如，
《乡村教师支持计划（2015—2020 年）》《国务院关于统筹推进县域内城

---

① 《习近平著作选读》（第二卷），北京：人民出版社，2023，第 37 页。

② 《习近平关于社会主义社会建设论述摘编》，北京：中央文献出版社，2017，第 48 页。

乡义务教育一体化改革发展的若干意见》等直指改革的难点。

三 按中国特点与中国实际办学是扎根中国大地办教育的根本保障

我国办的是世界上最大规模的教育，是社会主义教育，要想教育振兴，最重要的就是立足国情，就是坚持社会主义办学方向。习近平总书记指出，"当代中国的伟大社会变革，不是简单延续我国历史文化的母版，不是简单套用马克思主义经典作家设想的模板，不是其他国家社会主义实践的再版，也不是国外现代化发展的翻版"①。社会主义教育并没有定于一尊、一成不变的套路，那什么是按中国特点与中国实际办学呢？一要自觉传承中华优秀传统文化血脉，二要坚定教育"四为服务"的中国自信，三要形成更高水平的中国特色社会主义人才培养体系。概言之，中国幅员辽阔、人口众多，按中国特点与中国实际办学，就是要形成中国的特色和优势，形成办好一流教育的自信，形成扎根中国大地办教育的根本保障和最鲜亮的底色，提升培养社会主义建设者和接班人的能力，更好向世界展示中国理念、中国精神、中国道路。

（一）自觉传承中华优秀传统文化血脉

国家之魂，文以化之，文以铸之。每一个群体所拥有的独特文化，造就了每一个群体的社会和属于自己独特的文化基因。中华优秀传统文化博大精深，是中华民族的根和魂，是中华儿女共同的精神基因。"中华文化独一无二的理念、智慧、气度、神韵，增添了中国人民和中华民族内心深处的自信和自豪。"② 我们要发展具有中国特色、世界水平的现代教育，所谓"中国特色""世界水平"，就是要在坚持教育的民族性和主权立场的前提下去引导中国教育发展与世界接轨，使之具有世界一流的办学质量，而抛弃传统、丢掉根本、没有特色，跟在他人后面亦步亦趋，依样画葫芦，就等于割断了自己的精神命脉，是不可能办成功的。中国一流教育，一定是在自己的历史文化土壤上，由我们中国人自己办成的。扎实办好具有中

① 《习近平著作选读》（第一卷），北京：人民出版社，2023，第484页。
② 《关于实施中华优秀传统文化传承发展工程的意见》，《人民日报》2017年1月26日，第6版。

国特色、世界水平的现代教育，必须巩固马克思主义在意识形态领域的指导地位，立足中华优秀传统文化，用崇高的精神追求为扎根中国大地办教育提供充足的思想观念、人文精神和道德方面的滋养，"持续推进社会主义精神文明建设，巩固壮大社会主流价值"，使"全民族精神面貌更加奋发昂扬，人民文明素养和社会文明程度显著提升"①，这是我们在世界文化激荡中站稳脚跟的根基；必须深入挖掘并充分阐发文化在当代中国办教育中的思想支点、实践因素和育人元素，使中华民族最基本的文化基因同现代办学理念、新时代要求相适应，同世界人民创造的丰富文化相融相通。中国文化兼容并包，分享人类现代文明所具有的世界价值，以"中国化"回应"全球化"，根植于中国本土的国际化学校会愈来愈多，这也是人类文明赓续和世界可持续发展的必然要求。因此，我们办教育要深耕中华优秀传统文化的沃土，从优秀传统文化中提炼具有当代价值、世界意义的文化精髓，激活教育者内在的强大生命力，润物无声地引导我们的接班人，使他们无论生活在哪里，身上都有独特的精神气象和鲜明的中华文化烙印，认清走中国特色社会主义教育发展道路的必然性，并凭借自身的真实感受向世界贡献中国教育智慧。

（二）坚定教育"四为服务"的中国自信

习近平总书记一再思考"中国教育怎么办"，他讲得最多的"四为服务"就是教育使命达成情况的评价标准，也体现出坚持扎根中国办教育的深沉自信。一是坚持教育为人民服务。把尊重社会发展规律、教育发展规律与尊重人民主体地位统一起来，紧紧抓住人民最关心最直接最现实的教育问题，如依法管理校外培训机构，使校外教育培训回归育人正常轨道。追求人民满意，回应人民期待，满足人民需要，保障人民的教育获得感越来越强，最终使个体获得自我发展、奉献社会、造福人民的能力，这是我们党办好教育事业的出发点和落脚点。二是坚持教育为中国共产党治国理政服务。全面增强党的学习本领、斗争本领、服务本领、创新本领，确保党在百年未有之大变局中始终走在时代前列，在中国特色社会主义教育实

---

① 《推动精神文明建设高质量发展 为强国建设民族复兴提供强大精神力量》，《人民日报》2025 年 5 月 24 日，第 1 版。

践进程中始终是坚强的领导核心。三是坚持教育为巩固和发展中国特色社会主义制度服务。中国特色社会主义制度优势是抵御风险挑战、提高国家治理效能的根本保证。以教育改革创新增强制度创新动能，形成重大的理论成果、实践成果、制度成果，从而充分发挥我国社会主义制度能够集中力量办大事的显著优势，为实现中华民族伟大复兴提供更完善、更稳定、更成熟、更管用的制度保证。四是坚持教育为改革开放和社会主义现代化建设服务。教育要"同我国综合国力和国际地位相匹配"①，这反映了对党和国家事业发展要求和趋势的精准把握，体现了深厚的家国情怀和笃行担当的实践指向。这些重要论述相互联系、内在统一，进一步坚定我们办好中国特色社会主义教育事业的信心，成为中华民族历经千难万险而不断复兴的精神支撑。

（三）形成更高水平的中国特色社会主义人才培养体系

国之命脉，人才为要，要牢牢抓住全面提高人才培养能力这个核心点。习近平总书记明确强调："要深化教育改革，推进素质教育，创新教育方法，提高人才培养质量，努力形成有利于创新人才成长的育人环境。"② 在当前和今后一个时期，形成更高水平的中国特色社会主义的人才培养体系主要包括两方面内容。一是构建现代教育体系，培养大批创新型人才，加快推进人力资源强国建设。党的十八大以来，在人才培养上，以习近平同志为核心的党中央多次强调以立德树人为根本，强调崇德修身，这是我们党的用人标准，也反映出教育者做富有人格魅力老师的时代重任，传递着中国共产党人对马克思主义人学的坚守。这要求打造以支撑创新驱动发展战略、服务经济社会发展为导向的中国特色的学科体系，完善以把握人才培养规律为本的教学体系与教育管理体系，并将思想政治工作体系建设有效贯穿于人才培养体系中。正如习近平总书记所说："高校思想政治工作，面上看做的是学生思想政治工作，实际上将影响一代青年的思想观念、价

---

① 《坚持中国特色社会主义教育发展道路 培养德智体美劳全面发展的社会主义建设者和接班人》，《人民日报》2018 年 9 月 11 日，第 1 版。

② 《敏锐把握世界科技创新发展趋势 切实把创新驱动发展战略实施好》，《人民日报》2013 年 10 月 2 日，第 1 版。

值取向、精神风貌。"① 二是努力办好更加公平、更高质量的教育，保障全民享有终身学习机会。习近平总书记指出："生活在我们伟大祖国和伟大时代的中国人民，共同享有人生出彩的机会，共同享有梦想成真的机会，共同享有同祖国和时代一起成长与进步的机会。"② 与此同时，习近平总书记将教育公平与教育质量有机统一起来，准确而清晰地展现了"公平是有质量的公平，质量是充分体现公平的质量"的辩证思想。如下大气力部署教育发展，从根本上解决教育评价指挥棒问题，让每一个努力奋斗的人都能看到生活更美好的希望，都有人生出彩的机会，让教育成为走好中国式现代化新道路的重要力量。

四　实现以文化人的弘道追求是扎根中国大地办教育的精神引领

党的二十届三中全会强调"深化教育综合改革""提升教师教书育人能力"。强教必先强师。习近平总书记在阐释中国特有的教育家精神时，将"胸怀天下、以文化人的弘道追求"③ 作为一条重要内容。这就要求教师把握"以文化人的弘道追求"的形成发展，做到明道、信道、传道，弘扬和发展中华优秀传统文化、革命文化和社会主义先进文化，勇于创新思路、创新话语、创新方式，激活教育传道尚美、成风化人的内在动力，为全面推进强国建设、民族复兴伟业提供有力人才支撑，为扎根中国大地办教育提供精神引领。

（一）把握"以文化人的弘道追求"在经验淬炼、理性凝结、历史沉淀中的形成发展

深化教育综合改革，提升教师教书育人能力，强化科技教育和人文教育协同。这充分体现出教师是传承人类文明的重要力量，是建设教育强国最重要的基础要素。这就要求教师科学把握"以文化人的弘道追求"在塑造灵魂、塑造生命、塑造新人中的精神价值，以此推进教育现代化的实践

① 习近平：《论教育》，北京：中央文献出版社，2024，第138页。
② 习近平：《在第十二届全国人民代表大会第一次会议上的讲话》，《人民日报》2013年3月18日，第1版。
③ 《大力弘扬教育家精神　为强国建设民族复兴伟业作出新的更大贡献》，《人民日报》2023年9月10日，第1版。

伟力、思想功力、前进定力。

一是教师"以文化人的弘道追求"源于实践的需要。马克思指出："问题是时代的格言，是表现时代自己内心状态的最实际的呼声。"① 坚持问题导向是马克思主义的鲜明特点。习近平总书记关于教师教书育人能力的论述，始终坚持从中国特色和国际比较相关联、教育培养和自我修养相结合、人文情怀和科学精神相贯通的宽广视野出发，聚焦完善立德树人机制中事关价值塑造、文化传承、国家存续的紧要问题，立足深化教育综合改革系统实践，阐明一体推进教育强国、科技强国、人才强国建设的根本之策，强调奋力走好人才自主培养之路，实现教师育人方式的系统性进步和质变。归根到底，独特的历史、文化、国情决定了我国教育必须走自己的发展道路。文化关乎国本、国运，中华文明的连续性从根本上赋予新时代新征程强教强师以深厚底蕴。实践证明，教师是人类灵魂的工程师，对如何予以学生人生启迪的把握程度，决定了教师的精神境界。学生的成长、成熟、成才不是一蹴而就的，而是一个渐进的过程。教师面对的是学生的整个精神世界，而学生的精神世界是深邃的，他们不满足于物质富足，对精神富有更有新期待。只有真正树立以教育促进个体发展的信念，真正培养出具有良好知识修养和深厚人文底蕴的教师，用马克思主义激活中华优秀传统文化中富有生命力的优秀因子，并赋予其新的实践内涵，才能引导学生在正确认识世界和中国发展大势中实现自由与幸福，获得精神上的享受、理智上的愉快，才能培养出德才兼备、身心健康、朝气蓬勃、追逐梦想的时代新人。

二是教师"以文化人的弘道追求"源于时代的要求。一切划时代的理论，都是满足时代需要的产物，都一定有坚实的文化根基和自身独特的理论思维。教师是一种古老的职业，自古以来带有浓厚的道德色彩。邓小平同志指出："一个学校能不能为社会主义建设培养合格的人才，培养德智体全面发展、有社会主义觉悟的有文化的劳动者，关键在教师。"② 习近平总书记也有一系列关于教师的人文思想、人文素养的论述，其运用了马克

---

① 《马克思恩格斯全集》（第一卷），北京：人民出版社，1995，第 203 页。
② 《邓小平文选》（第二卷），北京：人民出版社，1994，第 203 页。

思主义的立场、观点和方法。这些重要论述将构筑有较高文化品位的教师队伍提升到了前所未有的战略高度。从人的发展角度，中华文化独一无二的感召力根植于广大教师内心深处，塑造学生生命中独特的价值体系、文化内涵和精神品质，增添学生的自信心和自豪感；从社会的发展角度，教师提升中华文化传播效能，根本在于优化传播理念，形成同我国综合国力和国际地位相匹配的教育竞争力、教育话语权，开辟以教师形象亲和力与中国话语说服力赋予中华文明现代力量的新境界；从人类的发展角度，新的理论优势、新的思想高峰丰富和充实了马克思主义教育思想，创新了以教育推动人类文明进步的路径，实现了教师对全人类共同价值追求的系统继承和升华。

三是教师"以文化人的弘道追求"源于人民的期待。人类正处在一个挑战层出不穷、风险日益增多的时代。面对世界百年未有之大变局全方位、深层次加速演进，中国人民期盼用正确的精神指引和强大的精神动力，来应对人类共同的挑战。习近平总书记科学思考新时代教师地位作用的重大战略定位，提出"四有"好教师、"四个引路人"、"四个相统一"、"教育家精神"，切中了教师文化使命、奋斗目标的本质要求，体现出党和人民对广大教师的真切期待，以及贯穿建成教育强国、办好人民满意教育的历史自信，这必将推动弘扬具有当代价值、世界意义的文化精神。习近平总书记指出："高素质教师队伍是由一个一个好老师组成的，也是由一个一个好老师带出来的。"① 中国教师群体的历史自信，既是对奋斗成就的自信，也是对奋斗精神的自信，更体现出对文明传承的自信、为学为事为人的真诚。如果没有充满自信的文明，就不能在保持自己教书育人特色的同时包容、借鉴、吸收各种不同文明，就不能在"坚持不忘本来、吸收外来、面向未来"② 中涵养博大胸怀，回应人民群众期待。懂得精神家园"怎样筑"、明白人格底线"怎样守"、知道一流人才"怎样育"，这应当是新时代每一位教师的弘道追求和行为常态。只有这样，才能以立德修身、敬业立学和人文关怀塑造新人，做到"点燃一盏灯，照亮一大片"③。

① 习近平：《在北京大学师生座谈会上的讲话》，北京：人民出版社，2018，第 8 页。
② 习近平：《在哲学社会科学工作座谈会上的讲话》，北京：人民出版社，2016，第 16 页。
③ 习近平：《论坚持党对一切工作的领导》，北京：中央文献出版社，2019，第 164 页。

（二）通过中华优秀传统文化厚植文化自信，做到"明道"

中华优秀传统文化是中华民族的根和魂，广大教师要将其有效融入教育教学全过程，鼓励学生"在机遇面前主动出击，不犹豫、不观望；在困难面前迎难而上，不推诿、不逃避；在风险面前积极应对，不畏缩、不躲闪"①，筑牢学生文化自信的根基。一是提升中华优秀传统文化育人素养。广大教师要有更强的历史主动精神，着力赓续和弘扬中华优秀传统文化，强化相关理论知识学习，依托史书典籍、文献资料、文化展馆等深入挖掘中华优秀传统文化资源，深刻理解和把握其蕴含的宇宙观、天下观、社会观、道德观等，并对中华优秀传统文化蕴含的思想观念、人文精神和道德规范进行科学整理、合理归纳、有效诠释，将其精准融入教育教学全过程，夯实"以文化人、以文育人"②的思想基础。二是推动中华优秀传统文化理论阐释创新。广大教师要对中华优秀传统文化蕴含的历史积淀和人文价值进行深度剖析和多维解读，同时将中华优秀传统文化与当下的时代议题巧妙结合，将中华优秀传统文化与党的创新理论全面贯通，扎实做好理论研究、阐释和转化工作。三是从中华优秀传统文化中汲取教育智慧。广大教师要自觉成为中华优秀传统文化的学习先行者、理论传播者、实践推动者，引导学生活学活用中华优秀传统文化，培养学生运用中华优秀传统文化解决实际问题的自觉性和能动性，增进学生对中华优秀传统文化的理论认同和情感认同。

（三）通过革命文化和社会主义先进文化培植文化定力，做到"信道"

革命文化和社会主义先进文化是在长期艰苦奋斗中不断得到淬炼的文化精华，广大教师要自觉从中汲取教书育人的文化定力。一是弘扬革命文化，夯实育人定力。广大教师要肩负起传承红色基因、赓续红色血脉、培育时代新人的重任，讲清楚百余年党史中的历史逻辑、理论逻辑、实践逻辑，探寻革命故事与教书育人的契合点，生动诠释其所蕴含的崇高理想信

---

① 《筑牢理想信念根基树立践行正确政绩观 在新时代新征程上留下无悔的奋斗足迹》，《人民日报》2022年3月2日，第1版。

② 《推动精神文明建设高质量发展 为强国建设民族复兴提供强大精神力量》，《人民日报》2025年5月24日，第1版。

念、深厚人民情怀、高尚价值追求，将其融入学生的精神气质培养与文化品格塑造中，增强学生担当民族复兴大任的底气。二是发展社会主义先进文化，强化价值引领。广大教师要充分挖掘社会主义先进文化所蕴含的科学思想、价值遵循，深入学习习近平新时代中国特色社会主义思想，尤其是深刻把握习近平文化思想的丰富内涵与精髓要义，更好地担负起新时代新的文化使命。三是坚持用社会主义核心价值观铸魂育人。社会主义核心价值观是社会主义先进文化的精髓，广大教师要用社会主义核心价值观引导和帮助学生提升思想境界、坚定政治信仰，扣好人生第一粒扣子，树立正确的价值观，并不断将其转化为自觉要求和自觉行动，努力成长为中国特色社会主义事业的建设者和接班人。

（四）在坚持以文化人、以文育人中创新方式方法，更好"传道"

教师要整合利用多元教学资源，积极探索新时代教育教学方法，提升以文化人、以文育人的实效性。习近平总书记强调："文化强国之'强'最终要体现在人民的思想境界、精神状态、文化修养上。要……提升文化服务和文化产品供给能力，增强人民群众文化获得感、幸福感。要重视发挥文化养心志、育情操的作用，涵养全民族昂扬奋发的精神气质。"① 一是通过技术赋能优化以文化人的教学方式。广大教师应充分运用人工智能以及虚拟现实、增强现实等沉浸式交互体验技术，构建物理空间、社会空间和数字空间等多维文化育人阵地，让静态的文化资源"动"起来，在新时代的数字浪潮中赋予中华文化更充沛的生命力，从而进一步引导学生积极参与、良性互动。二是拓展"第二课堂"以文化人的教学渠道。广大教师应贯彻"大思政课"建设理念，充分发挥"第一课堂"和"第二课堂"协同育人的联动作用，拓展博物馆、文化馆、艺术馆、科技馆等文化载体的育人功能，打造"行走的思政课""场馆里的思政课"等多元实践育人活动品牌，让文化教育走近历史、贴近时代、靠近生活。三是创新以文化人的教学方法。广大教师应注重以学生为中心、以问题为导向，积极采用探究式教学、互动式教学、案例式教学、分众式教学等方法进行文化育人，强调在做中学、用中学、悟中学，使学生在学思践悟中感悟党的创新

---

① 习近平：《加快建设文化强国》，《求是》2025 年第 8 期。

理论的强大真理力量和实践伟力，引导学生坚定文化自信与历史自信，立报国强国大志向、做挺膺担当奋斗者。

第二节　高校境界德育推动大学生精神生活迈上新台阶

当前，在扎根中国大地办教育的新征程中，随着社会思想的加速变迁，人们的道德观很容易受纷繁多样的信息影响。在某种程度上，人们不再完全信任道德的正当性、合理性，失去了道德责任感，失去了对善和人生价值的探索与追求。当高校教育者面对源远流长的道德文化进行知识符号的传授时，道德又是落后于知识的。在此情境之下，高校德育只有借助特别的心智品质，唤醒人们的道德情感，才可能使学生形成对周遭世界及自我的清醒认识。《左传》有云："国之大事，在祀与戎。"如果今天把祀与戎理解为宗教和战争，则略嫌褊狭。事实上，更应将其理解为信仰与技术，对待它们，"两手抓、两手都要硬"。道德规范在技术层面的传授与学习是学校德育的一个重要内容，而道德信仰的养成是另外一个重要内容。那么，当代高校德育是以道德信仰还是以道德规范作为其价值取向，不仅关乎高校境界德育的内容，而且关乎高校境界德育的价值目标，并深刻影响人民精神生活质量。

一　高校境界德育的重要性

著名国学大师冯友兰指出，人之所以为人，在于其对正在做的事有觉解，人生之意义就在觉解之中，"知觉灵明"① 下的各种意义合成一个整体，就构成人生境界：自然境界、功利境界、道德境界、天地境界。处于这四种境界中的哪一种完全取决于觉解程度的深浅，所处境界标志着人格完善的程度。"境界"是中国传统文化中一个核心范畴。中国儒家的"格物致知"，讲求学习，在实践中练就为人处世的功夫，达到"众物之表里精粗无不到，而吾心之全体大用无不明"（《大学章句》）的境界，诚中形外，最终形成表里如一的信仰与行为。道家的老子因"天道"立"人

---

① 田文军：《冯友兰传》，北京：人民出版社，2003，第 487 页。

道"，以天证人，首次把"道"提升为一个哲学境界，即天道是对人道的提升，用超脱、消极或者卑弱处下的否定性手段，反观内心以"涤除玄览"（《道德经·第十章》）、"致虚极，守静笃"（《道德经·第十六章》），从而达到积极性的目的。

美国当代著名的道德教育家柯尔柏格选择性地接受了裴斯塔洛齐的观点，认为在"无律"、"他律"及"自律"阶段之后，还有一个"普遍性伦理学原则"阶段，此时的道德主体清醒地认识到普遍性的道德性质或人是目的本身，并照此目的对待别人，重视对方的存在，达到一种人我自觉相处的境界。国内学者黄富峰认为，"在此阶段的德育内容应注重德育主体道德境界的培养，是一种境界性德育"①。这里的"道德境界"更多的是一种"境界道德"，它应该拒斥道德规范教育中的疏远性和冰冷感，充满社会使命感和人间温情，它给人以人的存在、给人的生活以价值。这就有别于冯友兰的毫不利己、专门利人的"道德境界"。

沿着这一思路，如果说小学德育和中学德育分别主要是以自我为中心的规范约束性教育和以社会为中心的理解性教育，那么高校德育则应注重培养境界道德，即德育主体充满信心地展开对他律与自律有机融合的不懈追求，经由学习者经验的印证，把一定的社会思想和道德知识转化为主体的道德觉解。境界道德不仅表现为行为上的道德和谐性，也表现为深刻的道德意义体悟。高校境界德育是学校德育的最高阶段，它是一种指向人与道德、人与社会、人与自我的相互依存和个体道德信仰不断强化的精神追求。"育德，就是育出人把握德的升华尽可能高的层面。"② 大学生在掌握系统的道德知识之外更需要有社会使命感和人文关怀来创造"大气"的人格。倘若高校中境界德育长期遭遇冷落，那么大学生在认知中所表现出的较高水平的道德意识与觉悟和行为中的道德冷漠之间的矛盾将难以化解。在"以大学生人格健全发展为目标"的高校德育中，进行境界德育，是高校德育成功的关键之一，也是努力促进全体人民精神生活共同富裕的核心环节。

---

① 黄富峰：《德育思维论》，北京：人民出版社，2006，第 106 页。
② 东缨：《教育大境界》，北京：北京大学出版社，2007，第 145 页。

二 高校境界德育的失落与反思

长久以来，我国学校德育各个阶段层次定位模糊甚至存在倒挂现象。其中，高校教育者常常把德育思想领域（概念、判断和推论的领域）的信念看作对客体的终极认知性建构，而逐渐脱离德性生活本身。在内心深处，一些大学生感觉自己不过是有幸通过了一种行为操练，而丢失的正是开展道德行为的动力。此外，高校"Q版"德育时尚起来，即对于任意一种正面的道德、正常的伦理，只要是思想品德教育里曾吸纳过的，都可以"选择性"地将其解构、拆除。倘若高校德育变成维护大学秩序、解决社会问题和追求学术标新立异的实用工具，那么，这样的高校德育不会有精神的高度，只会有境界的失落。

现代社会人们普遍认为道德是通过社会舆论、传统习俗和人的内心信念来维持的，是人们相互关系涉及的行为规范的总和。就行为规范的保障而言，一是通过社会舆论、传统习俗来保障，二是通过内心信念即道德动机来保障。实际上，高校德育中的道德信仰既不可回避，也是我们实际默认的，因为要求人们践行一个并不信仰的道德理论自然是徒劳的。更为重要的是，高校境界德育究竟需要什么样的道德信仰，或者说，哪种层次的道德信仰能保障高校境界德育的实现？黑格尔说："道德之所以是道德，全在于具有知道自己履行了责任这样一种意识。"[①] 即人的道德品质完全来自个体的意志自由、品性和觉悟，而只有保持坚定的道德信仰并长期付诸实践才是道德，关于这一点，康德在《纯粹理性批判》中指出："我不得不悬置知识，以便给信仰腾出位置。"[②] 他用信仰的方法弥补科学证明的不足。康德在发现人的认识能力有限后，将理性推上了信仰的宝座，用信仰来保障道德的存在，呼唤人们的道德信仰。因此，道德信仰是感性与理性的结合，是道德的内在要求，是人类立足于现实、憧憬未来的一种核心文化价值，也是生活中一种更为主动的精神力量。

这与我们通常的认识是相反的。我们一般认为，道德信仰总是对确定

---

① 〔德〕黑格尔：《精神现象学》（下卷），贺麟、王玖兴译，北京：商务印书馆，1997，第157页。

② 〔德〕康德：《纯粹理性批判》，邓晓芒译，北京：人民出版社，2004，第22页。

的道德价值理想、目标及其理论的信服和崇拜，即"信仰一种道德"，这种确定性能给人以归属感和目标感。因而，基于道德信仰所做出的选择是不需要理性做出任何解释的，就像热恋中的人往往不需要解释对方是自己当下唯一的爱人，于是，此类的信仰只留下"激情"，没有相应的精神生活高度和境界。

三　高校境界德育的指向——道德信仰的重塑

道德作为人类不断地超越物质生活局限的品格与境界，主要通过境界德育来实现。为此，它需要注重导向主体在道德原则和道德规范面前的积极性，更需要主体运用道德信仰享受德育的滋养，其本身就具有一种境界。在较之科学技术更为澄明的生存形式下，道德主体通过独特的道德信仰去观照和保证境界德育，领会境界德育的价值，产生巨大的道德内推力。这就使高校境界德育有了真正的价值取向，也使人民精神生活共同富裕有了坚实的思想支撑。

（一）道德信仰的危机与路径

20 世纪初，伴随着工具理性的发展和扩张，整个世界中那些既有的终极意义、最高贵的人生价值已销声匿迹。人类进入感官主义和消费主义的享乐时代，精神世界一片空虚，既有的道德信仰体系在现代科学技术的统治下，逐渐被动摇与遗忘，转化成了行为规范的具体细节，演变为对物质享受的信仰；同时，社会所提供的道德资源难以转化为人们内在的道德需要，精神生活逐渐"世俗化"，尤其是当权力阶层衰落之时，"信仰行为也会日益式微，代之而发挥作用的应当是世俗性的道德行为"[1]。比如教师所关心的只是如何用教学技术来教育学生，至于为什么要教学、人这样学习是不是有价值、这样做是否有意义，他还没有来得及考虑，或者认为根本不用考虑，道德失范显现，而新的信仰体系又尚未确立。

人们对工具理性的批评中也有对道德信仰的反思和批评，在很多人看来，道德信仰危机就是人们在"精神的废墟"上生活，主要体现为道德冷

---

[1]　张康之：《论信仰、道德与德治——社会秩序基础的转变》，《甘肃社会科学》2003 年第 4 期。

漠、人格缺陷和道德的工具化，但批评和反思的正确方向是思考这个问题：科学技术触角的延伸轻易地瓦解了所谓的道德信仰，这是人们对道德信仰的遗忘还是对"道德信仰本身"的遗忘？如果仅仅将道德信仰理解为"信仰一种道德"或"道德即信仰"，那么在科学技术浪潮中颇有斩获又身心俱疲的人们，总是渴望把自己的道德动机神圣化，然后把自己的"作品"神圣化，最后把自己也神圣化，道德信仰就容易蜕化成时尚法则。

因此，较低层次的道德信仰是对道德的服膺。同时还有一个更为根本的问题，即道德怎能使人信仰，它能为我们提供什么。这就离不开人的理性批判精神。换句话说，所谓最高层次的道德信仰是指道德之理由。① 一方面，应对道德理由进行时代追问。用哈维尔的话来说，就是"和生活隐藏的层面对话"，把仍然处于生活的蛰伏状态中的东西，带到言说的阳光底下，获得一种思想性、精神结构性的存在。例如，当热恋的温度有所下降的时候，恋人才会在心中细数对方的好处，以此作为自己始终不渝地爱对方的理由。另一方面，应对人生的最高价值取向和存在意义有终极向往。终极性的境界一定是现实又崇高的，并富于终身性，它超越工具主义的物欲满足，高于人的直观快乐，直抵充盈丰富的精神世界。

显然，抛弃信仰的道德原理、规范就成为一种无根的、脱离于人的、仅供玩味的摆设，最后只能是一种伪道德，失去对生活的激励、指引和提升作用。但是道德信仰一旦走向极端，使人人不敢擅离戒律半步，就会失去道德信仰自身所具有的理性批判精神，变为刻板的束缚人发展的桎梏，这种理性的附魅必将带来对生活、对他人也包括对自身的极大不宽容，这也正是它的残酷性所在。

（二）高校境界德育与道德信仰的契合

高校境界德育的实在性造就了道德信仰的现实性。高校境界德育关注丰富的生活世界，要求大学生不仅做到不见利忘义，而且关键时刻还要彰显人道主义关怀和大爱无疆的心境；要求大学生不仅不自私自利，而且还要有团队精神；要求大学生不仅认同社会主义核心价值观，而且还要以"修身进德、齐家亲亲、治国平天下之道"的标准提升自我，完善自我。

---

① 荆学民：《道德信仰及其当代意义》，《求是学刊》2007年第1期。

显然，有助于这些目标实现的是道德信仰的养成而不仅仅是对道德规范的认识与理解。因此，高校境界德育必然要求其价值取向的精神形态具备本真性和导向性，即对世俗现实道德实现觉解和超越。现实生活中的道德信仰也有指向超俗的宗教生活的可能，但恩格斯围绕道德的本质曾指出："人们自觉地或不自觉地，归根到底总是从他们阶级地位所依据的实际关系中——从他们进行生产和交换的经济关系中，吸取自己的道德观念。"①这就是说，虽然道德观以某种道德信仰为自己的精神支柱，但归根到底，道德信仰是真实生活的内化。无论建立在何种道德观念之精神理由上的道德信仰，都应能从现实生活中最终找到它的充分根据。因此，高校境界德育为道德信仰的形成和发展奠定了基础。

高校境界德育的民主性要求暗合了道德信仰的"理由追问性"要求。以"人格健全发展"为目标的高校德育旨在让每一个大学生享受均等的德育资源。高校德育形式和内容可以多样化，但高校教育者必须承认大学生健全人格的塑造标准是一样的。因而，高校境界德育的民主性要求与道德信仰必须基于充足理由的观点是紧密联系在一起的。"道德首要的是向理性咨询的问题。在任何条件下，道德上正当的事都是有最充分的理由去做的事。"②通过"道德信仰"这一范畴才可能深刻地领会这句话。诚如康德所言，道德信仰需要我们，在开展道德行动之前，就应把其追求和期望的"效果"以信仰的态度融入道德活动的"动机"之中。因此，具有"民主性"的高校境界德育就暗合了道德主体对道德信仰内涵的理解，增强了主体道德信仰的坚定性。

高校境界德育的终身性促成了道德信仰的终极性。高校德育是长久历练和内化的养成过程，从规范性、理解性走向享受性和终身性是高校境界德育基于道德信仰价值取向的路径选择和使命要求。近代捷克著名教育家夸美纽斯对终身教育给出了三大目标，一是"博学"，必须靠自知；二是"品德"，必须仰赖自治；三是"虔诚"，要求一心向神。三者缺一不可。21世纪，在知识经济背景下，道德信仰本身并非与生俱来的，而是在适当

---

① 《马克思恩格斯选集》（第三卷），北京：人民出版社，1995，第133页。
② 〔美〕詹姆斯·雷切尔斯：《道德的理由》，杨宗元译，北京：中国人民大学出版社，2009，第12页。

的道德文化的熏陶之下,在德育的激励下由处于公共场域中的个体生成的,并伴随个体的身心健康发展而不断丰富。因而,道德信仰能够赋予短暂人生以永恒的意义,这种精神可以说是高校境界德育的出发点和最终归宿。所以,高校境界德育的终身性为道德信仰的发挥提供了有效路径,体现了道德信仰的终极性。

(三) 重塑道德信仰

中国高校长期以知性的方法来进行德育,最典型的做法是以灌输的方式来实施,这就容易割裂人在知、情、信、意、行等方面的道德结构,同时切断德育与人的现实生活的联系。于世纪之交有学者就发出"把课堂还给学生,让课堂焕发出生命活力"这样震惊教坛的呼唤。

首先,高校育德者应既站在生活的立场上,又需超越生活本身,高屋建瓴,引导学子思如泉涌,心领神会。让理想和现实对接,艺术与科学携手,哲学、伦理、法律于数理化丛林间闪动灵火,道德思考在各学科王国里点燃明烛。这不正是夸美纽斯强调的大学中各种知识应保持和谐性,不可各自为政的思想吗?这样做,在潜移默化里,于耳濡目染中,在大学生感知无意识德育时达到了有意识教育的目标。在这样一种自由而鲜活的高校境界德育中,德育主体在学识、学养等的基础上,根据自己对道德经验的积累、对道德情感的体验和理解,滋养自己的人生观价值观,构建自己的信仰模式。在当前多元价值背景下,大学生最终应形成独立道德判断能力,否则就会成为一个没有独立精神的"不完整"的人。

其次,高校德育主体应公平地关心其每一个行为影响到的每一个个体的人格和利益。在面临个人利益与道德要求的矛盾时,是获取一时的利益还是坚守信仰的承诺?"这个问题不是在什么别的地方而只能在是否损害他人或社会集体利益中去求解。"① 子曰:"自行束脩以上,吾未尝无诲焉。"(《论语·述而》)孔子践行自己"君子周而不比"(《论语·为政》)的思想,即君子仁义、道德、博爱而不偏私。高校是学校德育的最后一站,在这里应尽可能补救前衍,而不应继续扩大此前已经积累的不公平。而今,问题的关键是,高校教育者能否把身段放低,从高音区走下来,进而建立一种"道德

---

① 唐凯麟:《道德建设:构建和谐社会的道义基础和精神动力》,《科学咨询》2005 年第 5 期。

对话"的德育精神和原则，即自己要建言，也让别人建言，最好是大家交流；自己要进步，也让别人进步，最好是大家共同进步。高校德育主体应对社会的现在和未来充满希望，建构一种平等、坦诚的道德信仰观。

最后，高校德育应着眼于学习者的信仰，也应着眼于教育者的信仰，尤其是教师的自我欣赏和自我认同。长期以来，我国高校德育中存在的价值权威压制了大学生对道德价值的反思，进而导致了大学生的"知行不一"。因而，观察和检验一个人的道德信仰不仅要看他说什么，更重要的是看他做什么以及做的方式方法。具体说来，教育者必须首先"相信"并努力确保德育的享受性与终身性，给学生以引导和激励，鼓励学生产生让自身不负众望的欲求和自信心，以达到学习的最高境界——享受学习。大学课堂将科研上、网络里、休闲中的活的问题纷纷引入德育主体的视界，重视对道德信仰的义理论证，让道德信仰从理论上以理服人，而不是要求别人顶礼膜拜，从而激励学生不断地学习。由此，学习变成一种探究式的需要，一种能增强发展能力的习得，更是一种身与心的双重享受。这样才能强烈地吸引学习者，使他们愿意相信德育会导向人生的精神幸福，生活有新质产生，不断以"苟日新，日日新，又日新"的精神，实现精神上的独立自主。由此，大学阶段一点一滴养成的自信心，将在大学生心灵中留下最深刻的印记而被储存起来，在漫长的人生岁月中不时闪现，铸造心魂，带来贯穿人生的精神伟力。

以道德信仰导引高校境界德育，重在激励大学生超越个人利益，"增强学生文明素养、社会责任意识、实践本领"[①]，道德信仰的境界德育取向旨在鼓励德育主体出自内心、发自肺腑地希望自己觉解道德的真谛，获取更大的精神自由。唯有如此，才能发现境界德育的价值内涵，将道德的信服和崇尚意味升华成诗意栖居的永久护照。

第三节　创新教育塑造中国人民奋斗精神新风貌

实现中华民族伟大复兴的中国梦需要一代又一代中华儿女的道德之

---

① 《十九大以来重要文献选编》（中），北京：中央文献出版社，2021，第809页。

力、奋斗之志、创造之魂，实现中国梦的过程全方位全景式展现了新时代的精神气象。党的十八大以来，以习近平同志为核心的党中央高度重视弘扬奋斗精神，强调接力奋斗、不懈奋斗、永久奋斗，形成坚不可摧的拼搏精神、坚持不懈的意志精神、坚定不移的实干精神与坚韧不拔的创新精神等全景式奋斗品质。"这些年，越来越多年轻人选择到西部、到乡村、到基层志愿服务，无私奉献，展现了新时代中国青年昂扬向上的精神风貌和强国有我的责任担当。希望广大青年坚定理想信念，厚植家国情怀，练就过硬本领，发扬奋斗精神，到祖国和人民最需要的地方发光发热，为中国式现代化建设贡献青春力量。"① 这些奋斗品质背后的生成机理具有鲜明特色，主要涉及"为谁奋斗"的历史旨趣、"奋斗何以实践"的制度保障和"奋斗怎样生成"的方法进路三个重要维度。这三重维度相互联系、相互作用，其中，"历史之源"是"前提"，"实践之基"是"保障"，"生成之路"是"根本"，共同构成新时代中华儿女奋斗精神的重要支点和着力点，并使奋斗精神为培养广大人民坚定信念、精神力量和促进广大人民自觉行动注入强大驱动力，推进全体人民精神生活共同富裕。

一 新时代奋斗精神生成的历史之源

首先要搞清楚新时代中华儿女为谁奋斗的问题，这是一个前提问题。习近平主席说："中华民族迎来了从站起来、富起来到强起来的伟大飞跃是中国人民奋斗出来的！"② 我们应从中华民族的拼搏史中汲取营养，寻找"为什么人、靠什么人、信任什么人"的奋斗初心，增强奋斗的厚重感和责任感，这是新时代奋斗精神生成的首要目标层。

（一）近现代抗争中奋斗初心的出场

马克思说："人们为之奋斗的一切，都同他们的利益有关。"③ 如此说来，奋斗精神并非脱离实践、超脱世俗的神秘之物。马克思认为，想要一

---

① 《到祖国和人民最需要的地方发光发热 为中国式现代化建设贡献青春力量》，《人民日报》2025年5月4日，第1版。
② 习近平：《在第十三届全国人民代表大会第一次会议上的讲话》，《人民日报》2018年3月21日。
③ 《马克思恩格斯全集》（第一卷），北京：人民出版社，1995，第459页。

点一滴地认识到事物的真实面影，首要的一个根本条件就是在具体实践中从最彻底的人民立场出发看问题，重视并善于学习人民的实践经验，努力使自己全心全意忠实于人民的利益。例如，马克思的夙愿就是为人民解放而奋斗。因为马克思坚信："历史把那些为共同目标工作因而自己变得高尚的人称为最伟大的人物；经验赞美那些为大多数人带来幸福的人是最幸福的人。"① 这要求我们秉承"为人民奋斗"的目标，即用奋斗的"人民性"充分释放出中华民族的巨大潜力和强大动能。

第一，奋斗是为了人民的独立。近代以来，面对帝国主义的外来侵略，久经磨难的中华民族和中华儿女没有彻底绝望和默默忍受。以外交和军事为核心的自强运动，呈现出一幅奋力拼搏的生动画面，但仍未能挽救国家存亡的命运。甲午战争后，帝国主义、封建主义和官僚资本主义势力沆瀣一气，鱼肉百姓，铺天盖地散布一套反动的、专制独裁的、殖民主义的思想，用来麻醉中国人民使之屈服。为此，康有为领导的百日维新与孙中山领导的革命运动，试图完成民族救亡这个迫切任务。虽然戊戌变法、辛亥革命、中华民国的成立并未带来人民预期的自由、秩序与统一，但它们打破了历史周而复始的循环。

第二，奋斗是为了人民的解放。国运日下、前路不明时，广大人民由于所处的社会环境不同，往往基于对社会境遇的不满产生不同的想法，有的持悲观主义思想或宿命论观点，有的甚至出现享乐主义看法，但是一部分有识中华儿女深感有责任来复兴饱受苦难的国家，他们怀着强烈的民族主义和爱国主义热情，充当了中国知识分子人格转换的发酵剂，燃起了一场思想革命，要求从本质上获得民族独立、个人解放，推动中国人民走向新的使命。这让中国人民重新审视自己在现代世界中岌岌可危的地位，为了解放与国际尊严，坚定自身理想，锲而不舍地开展伟大抗争来掌握自己的命运，痛下战斗到底的决心。

第三，奋斗是为了人民的利益。中国共产党在中国社会剧烈动荡中诞生，始终把为中国人民谋幸福、为中华民族谋复兴作为自己的初心使命。一批批热血澎湃的中华儿女加入中国共产党，满怀对人民的赤子之心，不

---

① 《马克思恩格斯全集》（第一卷），北京：人民出版社，1995，第459页。

懈追求科学的革命理论，以马克思"为绝大多数人谋利益"、列宁"为千千万万劳动人民服务"、毛泽东"为人民服务"的思想为指导，充分相信与腐朽思想作斗争时人民力量的作用，始终在振兴中华、顺应广大人民意愿的历史进程中寻策问道，为党和人民的利益奋斗终身，在火热的斗争中成长为坚定的马克思主义者，并不可逆转地改变了中国人民受人欺凌的悲惨命运，提升了中国人民自尊心、自信心和自豪感，深刻改变了近代以后中华民族前进的方向，这也成为激励我们党不畏艰难、勇往直前的宝贵精神财富。正如习近平总书记所说："中国共产党领导是中国特色社会主义最本质的特征，是中国特色社会主义制度的最大优势，是党和国家的根本所在、命脉所在，是全国各族人民的利益所系、命运所系。"①

（二）当代发展中奋斗初心的嬗变

我们党从极端危难到稳定发展既是一个征程，也是一个过程；从尊重人民主体地位到尊重人民群众在实践中所表达的意愿、所创造的宝贵经验、所拥有的权利，既有促进人的全面发展的意蕴，也反映出从感性认识上升到理性认识的认识论；从量的积累到质的飞跃，既是对中国共产党奋斗初心不变的诠释与验证，也符合失败是成功之母的辩证法。

一方面，历史和实践都表明新中国成立以来我们党所积累的奋斗品质和奋斗精神，是从容应对惊涛骇浪的重要基石。中国共产党领导人民在社会主义革命、建设与改革发展中铸就了一个又一个看似不可能的奇迹，切实做到了"发展为了人民、发展依靠人民、发展成果由人民共享"②，不断丰富着为人民奋斗的初心内涵。尽管当代有一些青年人可能被胜利冲昏头脑，产生安于现状、放肆、骄傲、贪图享乐、消极懈怠、回避矛盾的情绪，可是一大批先进青年以拼搏替代享乐，始终凝心聚力、锐意进取，使中国经济社会发展成就更多更公平惠及广大人民，为我国建设和改革事业奠定了坚实的民意基础。

另一方面，进入新时代，我们党坚定地与人民群众站在一起，不断为

---

① 《习近平著作选读》（第二卷），北京：人民出版社，2023，第482页。
② 习近平：《深化合作伙伴关系　共建亚洲美好家园——在新加坡国立大学的演讲》，北京：人民出版社，2015，第11页。

维护人民群众的根本利益而奋斗，是创造出世所罕见的经济快速发展奇迹和社会长期稳定奇迹的前提条件。在坚持和继承马克思主义奋斗观的基础上，习近平总书记结合人民是历史的创造者的重要论断，进一步提出"一切向前走，都不能忘记走过的路；走得再远、走到再光辉的未来，也不能忘记走过的过去"①，旗帜鲜明地指出应坚持贯彻以人民为中心的发展思想。当今世界正经历百年未有之大变局，面对霸权主义、保护主义、单边主义、极端利己主义上升的国际形势与国内深化改革稳定任务，国内外各种社会思潮都想在中国人头脑中抢占位置，西方世界还常常通过思想渗透、经济诱迫、人权外交等手段，争夺我国青年学生，我们党要用掌握的斗争规律更好引导青年理直气壮地奋斗。因此，广大中华儿女要继续发挥人民主人翁精神，站稳广大人民的立场，保持同人民群众的血肉联系，努力抵制利己主义与自由主义，随时随地有效防范落后思想带给自身的负面影响，真正做到对历史和人民负责。同时，广大中国人民除了充实丰富的物质生活，还要追求更加充实、质量更高的精神生活，为思想道德素质、科学文化素质和身心健康素质进一步提升而不懈奋斗。由此，人们在奋斗过程中分析与解决问题时，就不至于因为持有"不可知论"或因为抱有错误成见，或因为有什么多余顾虑，而妨碍自己了解真相或故意曲解事实真相，这样他们就有可能对一切事物获得全面客观的认识。民心是现实中最大的政治，要让人民明白，我们党始终不忘初心；要让人民明白，准确识变，科学应变，主动求变，建设人人有责、人人尽责、人人享有的社会治理共同体，进一步增强中华民族凝聚力、向心力，满足人民日益增长的美好生活需要，是符合历史规律的必然选择，也是时代的要求、人民自身的期待。

（三）新征程拼搏中奋斗初心的坚守

弘扬奋斗精神要基于对历史规律的正确认识，习近平总书记强调："一百年来，中国共产党团结带领中国人民进行的一切奋斗、一切牺牲、

---

① 习近平：《在纪念毛泽东同志诞辰 120 周年座谈会上的讲话》，《人民日报》2013 年 12 月 27 日。

一切创造，归结起来就是一个主题：实现中华民族伟大复兴。"①新时代中华儿女无论走到哪，在做什么，"望得见山、看得见水、记得住乡愁"②，就会有奋斗拼搏的底气。中华民族5000多年的文明史，中国人民近代以来180多年的斗争史，中国共产党100多年的奋斗史，中华人民共和国70多年的发展史，都是人民书写的历史。古往今来，过上幸福美好生活始终是人类孜孜以求的梦想。在乘势而上奋力开启全面建设社会主义现代化国家新征程、向第二个百年奋斗目标进军的新发展阶段，在美好社会图景指引下，人民对美好生活的要求不断提升，如期待人均收入迈上新的大台阶；人的全面发展诉求不断提高，如向往平等参与、平等发展权利得到充分保障；人民希望全体人民共同富裕取得更为明显的实质性进展，如中等收入群体显著扩大。而"通过奋斗所实现的幸福，不同于物质和感官上的满足，而是更高层次的情感追求和更大价值的人生取向，不是暂时性、瞬时性的快感，而是持久的、深层的愉悦"③。

因此，为人民的利益和幸福而奋斗，为人类进步事业而奋斗，是中国共产党一以贯之的奋斗目标，这是时代之幸、人民之幸。这个奋斗目标很宏伟，但也很朴素。因为守住初心，为人民而战，就能够应对人类共同挑战，直面惊涛更从容，发扬愈挫愈勇和大无畏的拼搏精神，也就能够战胜一切，改变一切，创造一切。"回望过往的奋斗路，眺望前方的奋进路，必须把党的历史学习好、总结好，把党的宝贵经验传承好、发扬好，铭记奋斗历程，担当历史使命，从党的奋斗历史中汲取前进力量。"④ 这就是支撑新时代中华儿女面向未来、面对挑战，不忘从哪里来、不忘为什么出发的强大精神力量，具有深厚的历史渊源和广泛的现实基础。这使中国人民形成关于"为了谁"奋斗的更高的思想起点，不断激励新时代中华儿女把敬仰和感动转化为砥砺前行中的拼搏精神。它还要求中国人民永不懈怠，

① 《习近平著作选读》（第二卷），北京：人民出版社，2023，第477页。
② 《习近平著作选读》（第一卷），北京：人民出版社，2023，第418页。
③ 项久雨、范海群：《新时代坚持和弘扬伟大奋斗精神的逻辑起点、主体力量与实践推进》，《学校党建与思想教育》2021年第9期。
④ 《铭记奋斗历程担当历史使命 从党的奋斗历史中汲取前进力量》，《人民日报》2021年6月19日，第1版。

矢志不渝，建设更加繁荣美好的世界，否则就会迷失方向，无法抵御各种风险挑战，无法适应全球变化，从而落后于时代。

二 新时代奋斗精神生成的实践之基

新时代中华儿女弘扬奋斗精神要坚持关切现实，高扬人的实践本性。习近平总书记指出："有信念、有梦想、有奋斗、有奉献的人生，才是有意义的人生。当代青年建功立业的舞台空前广阔、梦想成真的前景空前光明，希望大家努力在实现中国梦的伟大实践中创造自己的精彩人生。"① 中国人民的奋斗精神始终围绕实现民族富强、人民幸福而形成，最终推动中华儿女坚定不移地以实干本领献身于新时代中国特色社会主义伟大实践。这是新时代中国人民奋斗精神生成的中间过程层。

（一）制度优势是奋斗实干的保障

奋斗实干精神熔铸于中国国家制度和治理体系当中，带来显著的制度优势与强大的治理效能。习近平总书记强调："以史为鉴、开创未来，必须坚持和发展中国特色社会主义。走自己的路，是党的全部理论和实践立足点，更是党百年奋斗得出的历史结论。"② 中国特色社会主义是在改革开放新时期开创的，也是建立在我们党百年长期奋斗基础上的。中国特色社会主义伟大事业，承载着几代中国共产党人的伟大理想和接力探索，凝聚着全国各族人民的艰苦奋斗和创新实践，不仅是对新中国历史经验的深刻总结，是当代中国发展和巨大成就的根本保证，也是把新时代改革开放推向深入的全部理论和实践的成果。新中国成立以来，社会主义一直都是在开拓中前进。这得益于我们党坚定不移地确立了中国特色社会主义这一条贯穿党的全部历史的红线。随着改革开放触及更多深层次体制机制问题，党的十九届四中全会确定要"以坚持和完善中国特色社会主义制度、推进国家治理体系和治理能力现代化为主轴"③。一方面，这为中国改革建章立制，坚持和完善中国特色社会主义的根本制度、基本制度、重要制度提出

---

① 习近平：《论党的宣传思想工作》，北京：中央文献出版社，2020，第81页。
② 《习近平著作选读》（第二卷），北京：人民出版社，2023，第483页。
③ 《中共中央关于坚持和完善中国特色社会主义制度 推进国家治理体系和治理能力现代化若干重大问题的决定》，北京：人民出版社，2019，第49页。

了精神指引和工作要求，保障了中国特色社会主义国家制度和治理体系无可比拟的先进性：坚持党的发展科学理论、代表最广大人民利益、集中力量办大事、确保制度成果源于成功的实践经验等。另一方面，这不仅务虚，更强调务实，制度转化为治理效能需要增强制度执行力，需要提升全党全国各族人民奋斗的思想自觉、政治自觉、行动自觉，助推中国应变局、息风波、破危机，让奋斗精神在中国特色社会主义制度完善、治理体系成熟与治理能力现代化的过程中焕发出新的生命活力，让中国人民始终成为中国特色社会主义事业发展的磅礴力量。而直到今天，资本主义社会虽然创造了大量的财富，但无法让财富超越资本持续不断复制的边界，也无法让大多数人享受创造财富的成果，这催生了一系列资本主义社会中的社会矛盾与冲突，使人作为自私、相互敌对、原子般的存在溶解在人类世界中。

（二）制度自信是奋斗实干的动力

值得警惕的是，西方敌对势力往往拿中国革命史、新中国历史来做文章，在意识形态领域对中国进行攻击、丑化、污蔑，其根本目的就是要搞乱思想，全面否定中国共产党的光辉历史、中国共产党的领导和我国社会主义制度。当面临的风险考验愈来愈复杂并集中显露的时候，新时代中华儿女靠什么奋斗本领来保持强大的战略定力，不被表面的观点蒙蔽，从而自信应对更多逆风逆水的外部环境？毫无疑问，国家制度和治理体系的发展成就与显著优势有助于凝聚起制度自信。"没有坚定的制度自信就不可能有全面深化改革的勇气，同样，离开不断改革，制度自信也不可能彻底、不可能久远。"① 坚定制度自信，是广大中国人民发扬奋斗实干精神的价值依归。第一，我们人民的奋斗本领不是在空想幻想中而是在积极领会中国特色社会主义伟大事业的重大原则、重要制度以及面临的关键问题中得到提高的，广大人民的奋斗实干本领应在对与时俱进的中国特色社会主义制度的理性认同的基础上得到发挥，坚信奋斗过程是科学的、不断向前发展的，新时代中国人民在奋斗中靠制度优势应对风险挑战、赢得时机、获得主动。第二，实践充分说明，中国特色社会主义是广大人民奋进的旗

① 《习近平关于全面深化改革论述摘编》，北京：中央文献出版社，2014，第 22 页。

帜。坚持和完善中国特色社会主义制度是新时代中国人民必须树牢的奋斗信念，也是人民对实现中华民族伟大复兴必胜信心的最鲜明的标识，如"完善共建共治共享的社会治理制度，实现政府治理同社会调节、居民自治良性互动"①。这不仅为人们的上下求索指明了光明的未来，也赋予了他们崇高的使命。

（三）"无我"状态是奋斗实干的境界

国家的精神力量很大程度上也体现在中华儿女的思想高度、精神风貌和人生品位上。新时代党和国家事业越发展，对人民奋斗的本领要求必然越高。坚守精致利己的小我，还是培养胸怀天下的大我？选择安逸和享乐，还是越挫越勇、甘于奉献？古人讲："先立乎其大者，则其小者弗能夺也。"胸怀"大我"，是一种大格局，大作为；心装自己的"五斗米"，做一天和尚撞一天钟，不会有理想的结果，就像没有汇入大海的水滴迟早会干涸。"一百年前，一群新青年高举马克思主义思想火炬，在风雨如晦的中国苦苦探寻民族复兴的前途。一百年来，在中国共产党的旗帜下，一代代中国青年把青春奋斗融入党和人民事业，成为实现中华民族伟大复兴的先锋力量。"② 必须把小我融入大我，把小事当大事干，作出这一代青年人的历史贡献，进而涵养忘我情怀。在习近平总书记看来，青年就要拥有"我将无我，不负人民"的思想境界并基于此开展奋斗实践，"必须坚持中国共产党领导，必须坚持走中国特色社会主义道路，必须坚持以人民为中心，必须坚持斗争精神，必须坚定不移走和平发展道路"③。面对种种充满敌意、恐惧和偏见的观点的时候，广大青年要寸步不让，坚决抵制污蔑社会主义的各种错误主张，为新时代中国特色社会主义事业奉献自己。概括起来说就是：跟进学习，青年要勇于探索；跟进认识，青年要增强社会责任意识；跟进行动，青年要回答时代课题。其中，学习是根本，认识是基础，行动是目的。其后，在我国历史上第一个青年发展规划中，这些思想被浓缩为 2025 年的总体目标，这进一步强调了"脚踏实地、一步一个脚印干"的

① 《习近平谈治国理政》（第四卷），北京：外文出版社，2022，第 338 页。
② 《习近平著作选读》（第二卷），北京：人民出版社，2023，第 488 页。
③ 《在新时代继承和弘扬伟大抗战精神　为实现中华民族伟大复兴而奋斗》，《人民日报》2020 年 9 月 4 日，第 1 版。

务实作风。新时代青年如果仅仅坐而论道、凌空蹈虚，没有查找差距，不去校准前进的方向，就会使自己的思想、能力、行动无法跟上党中央要求、无法跟上时代前进步伐，也无法跟上事业发展需要，更无法实现人民对美好生活的向往。这样，青年奋斗实践容易在错综复杂的形势中无所适从，容易被一些天花乱坠、脱离实际甚至荒唐可笑、极其错误的东西所迷惑、所俘虏。

三 走向创新教育的新时代奋斗精神生成之路

当今世界正处于百年未有之大变局，中国正继续朝着实现中华民族伟大复兴的宏伟目标前进，国家改革发展形势处在深刻变化的新的历史时期，外部不确定不稳定因素复杂多样。在这种背景下，新时代中国青年是全社会最富有梦想、最具创造力的群体，理应走在创新创造的时代前列。习近平总书记强调："青年是祖国的前途、民族的希望、创新的未来。青年一代有理想、有本领、有担当，科技就有前途，创新就有希望。"① 青年人以坚韧不拔的创新精神勇攀高峰比以往任何时候都显得重要和紧迫。让创新成为青春远航的动力，引领奋斗精神的生成之路，是新时代青年奋斗精神生成的外显实效层。

（一）勇于创新是为中国梦奋斗的优良传统

1912 年奥地利学者熊彼特率先认为创新是指企业家对生产要素和生产条件的新组合，尽管伴生着蜕变的阵痛，但创新推动形成新的集合体并将其引入生产体系，带来的是社会生产力大发展。复兴是一个由盛而衰后衰而再兴的过程，其绝不止于跳出衰败的谷底，也不是追赶过去的巅峰，而是超越以往的荣耀。我们党在滚石上山、爬坡过坎之际，为什么总是能把马克思主义思想与中国具体实践相结合，并确立和践行如农村包围城市的革命道路，新民主主义理论，社会主义建设道路，改革开放以来中国特色的政体国体，社会主义市场经济，解放思想、实事求是、与时俱进的思想路线，"五位一体"总体布局，"四个全面"战略布局，新发展理念等等？原因固然很多，但从实现中华民族伟大复兴是近代以来中华民族和中国人

---

① 习近平：《在中国科学院第十九次院士大会、中国工程院第十四次院士大会上的讲话》，北京：人民出版社，2018，第 24 页。

民的百年夙愿来看,有一条原因举世公认,那就是一代又一代中国共产党人变中求新、勇于创新。百年之后的今天,在新一轮科技革命和产业变革的重要历史节点,层出不穷的新思想、新概念、新思维、新价值不断丰富拓展创新领域与内涵。我们党的创新从来不是一蹴而就,更不是一劳永逸,这个过程是艰难痛苦的,但勇于创新的精神全方位地体现在党领导的各项事业中,指引着中华民族的奋斗方向,符合中国共产党作为一个学习型、服务型、创新型的马克思主义执政党的历史使命和时代担当,以及几代中国共产党人不懈追求发展进步的奋斗传统。从被形势所迫而奋斗创新,到人人崇尚奋斗创新、人人渴望奋斗创新,当下我们党坚定不移地走中国特色自主创新道路,让中华民族伟大复兴展现出了前所未有的美好前景。世界知识产权组织 2024 年发布的《2024 年全球创新指数报告》显示,中国在全球的创新力排名较 2023 年上升 1 位至第 11 位,是 10 年来创新力排名上升最快的经济体之一。① 创新驱动的中国梦正牵引着中华民族"梦之队"的主力军砥砺奋进。

(二) 破解创新阻滞是为中国梦而奋斗的关键密匙

综观当今世界,2020 年国际劳工组织发布的《全球青年就业趋势:科技与未来工作》显示,2019 年全球 2.67 亿青年人处于"无工无学无培训"的"三无"状态,并预计未来还会有越来越多的青年人和教育与劳动力市场脱钩。报告将这一现象的原因归结为全球经济环境趋紧、工业生产放缓、贸易紧张加剧以及人口变化带来的种种挑战,而各国无法继续承担这些人才资源的浪费。报告中所弥漫的悲观气氛大体表征了一些中国青年的困境:改革进入攻坚期和深水区后,社会转型利益固化态势下社会矛盾问题凸显,部分青年不求进取、坐享其成,图虚名、务虚功,人生态度无外乎两点——"吃饱穿暖""只管学习",其奋斗仅仅停留在口头上,能力不适应社会发展要求,社会上出现大量急功近利的学习课程、走马观花的实践锻炼、讲究速成的职业培训、浅尝辄止的阅读训练、喧闹乏味的社会服

---

① 《世界知识产权组织〈2024 年全球创新指数报告〉显示——中国创新能力稳步提升》,中国政府网,2024 年 10 月 10 日,https://www.gov.cn/yaowen/liebiao/202410/content_6978963.htm。

务，使青年陷入"新办法不会用，老办法不管用，硬办法不敢用，软办法不顶用"① 的本领恐慌，"随大流""原地转"，导致我国高水平创新人才仍然不足，特别是科技领军人才匮乏，不能有效满足时代需要、人民期盼。究其原因，确实有外部环境的客观制约，但最根本的还是奋斗精神脆弱、奋斗意志动摇、奋斗能力不强等造成的内生动力不足，这必将损害青年未来发展前景，并影响到国家政治稳定和社会安全。党的十八大以来，习近平总书记围绕破解创新阻滞，提出"加快实施创新驱动发展战略。坚持面向世界科技前沿、面向经济主战场、面向国家重大需求、面向人民生命健康，加快实现高水平科技自立自强。以国家战略需求为导向，集聚力量进行原创性引领性科技攻关，坚决打赢关键核心技术攻坚战。加快实施一批具有战略性全局性前瞻性的国家重大科技项目，增强自主创新能力"②。

（三）发掘创新要核是为中国梦而奋斗的突出实效

时代课题是中华儿女创新的驱动力，2020 年 8 月，习近平总书记在致全国青联十三届全委会和全国学联二十七大的贺信中语重心长地指出："我国广大青年要坚定理想信念，培育高尚品格，练就过硬本领，勇于创新创造，矢志艰苦奋斗，同亿万人民一道，在矢志奋斗中谱写新时代的青春之歌。"③ 这段极为重要的表述蕴含了三个要素，为中华儿女通过创新实现中国梦提供了提高奋斗实效的核心体系。

第一，奋斗要从国情出发。创新的前提在于必须实事求是，立足社会主义初级阶段基本国情。坚定跟党走，中国共产党领导是青年通过创新实现中国梦的根本政治保证。同时，当前还要深入学习领会新时代新阶段的国情："我国已转向高质量发展阶段，制度优势显著，治理效能提升，经济长期向好，物质基础雄厚，人力资源丰富，市场空间广阔，发展韧性强劲，社会大局稳定，继续发展具有多方面优势和条件。同时，我国发展不

---

① 习近平：《在中央党校建校 80 周年庆祝大会暨 2013 年春季学期开学典礼上的讲话》，《人民日报》2013 年 3 月 3 日，第 2 版。

② 《习近平著作选读》（第一卷），北京：人民出版社，2023，第 29 页。

③ 《坚定跟党走 奋进新时代 为党和国家事业发展作出新的更大的贡献》，《人民日报》2020 年 8 月 18 日，第 1 版。

平衡不充分问题仍然突出，重点领域关键环节改革任务仍然艰巨，创新能力不适应高质量发展要求，农业基础还不稳固，城乡区域发展和收入分配差距较大，生态环保任重道远，民生保障存在短板，社会治理还有弱项。"①这就要求青年始终同人民的利益、党的发展、实现中华民族伟大复兴的中国梦而奋斗，坚持用时代发展要求审视自己，超越传统之弊，超越社会之陋，更超越自我之限，将创新主动权、发展主动权牢牢掌握在自己手中，把满足人民对美好生活的向往和实现人的全面发展作为创新的落脚点和重要方向，为更好实现人生价值、升华人生境界写下生动注脚。

第二，奋斗中要增强机遇意识和风险意识。创新的核心在于以问题为导向，以需求为牵引，抽象出理论思考，进而在探索规律的基础上实现变革创新。新时代青年不是随波逐流地被裹挟到中国梦中，他们既面临美好的人生理想与际遇，也面临前所未有的时代使命，"青年是社会上最富活力、最具创造性的群体，理应走在创新创造前列"②，因此，青年不仅要以强烈的忧患意识警醒自己，还要以改革创新的精神提升自己，坚定创新信心和决心。"蛰伏多年打磨作品，导演饺子创下中国影史票房纪录；王兴兴带领团队'坚持做难而正确的事'，宇树科技成为中国人形机器人的重要名片；面向国家需求，济南二机床集团有限公司总经理助理王传英聚焦推动工业母机发展，带领团队攻克 40 余项关键性技术难题，打破国外垄断……"③ 未来由新一代人工智能打造的概念时代，将深刻改变青年交往方式、社会观念、社会心理、社会行为。作为最先运用人工智能、大数据、区块链等新技术的青年群体，他们将通过现代信息技术手段使国家制度改革和制度运行更具优势，使人工智能及其治理这个最大变量变成中国特色社会主义创新发展的最大增量，从而推动我国制度优越性更好转化为国家治理效能。应继续办好青年交流营等品牌项目，以科技创新催生新发展动能，让青年投身更多新产业、新业态、新模式，推进青年发展方式从规模发展向内涵发展转变，努力推动高质量发展、创造高品质生活，从而

① 《中华人民共和国第十三届全国人民代表大会第四次会议文件汇编》，北京：人民出版社，2021，第 44 页。

② 《习近平谈治国理政》（第一卷），北京：外文出版社，2018，第 51 页。

③ 《总书记和青年朋友在一起》，《人民日报》2025 年 7 月 2 日，第 1 版。

让奋斗精神引领青年在以创新实现中国梦的积极行动中阔步前进。

第三，奋斗时要树立国际视野。创新的指向在于提高中国在全球治理中的影响力和规则制定能力。要坚持最大限度用好全球创新资源，更加主动融入跨国界、跨时空、跨文明的平等交往与互鉴潮流中，普及科学、消除成见、避免曲解、融会通达、增强本领，奋力创新创造。"在激烈的国际竞争中，惟创新者进，惟创新者强，惟创新者胜。"① 新时代中国人民要努力在世界发展与个人前途的交汇点上为创新定位，敢为人先，敢试敢为，为发展带来新生机、新活力，成为获得成长愉悦感、成功自豪感、成就价值感的人，成为有思想、有情怀、有责任、有担当的人，万众一心为实现建设世界创新强国的目标注入中华儿女不竭智慧和磅礴动力，为社会主义中国以更加雄伟的身姿屹立于世界东方不懈奋斗。

第四节　人文教育发展社会主义先进文化新生活

人文教育是指以传授人文社会学科知识为主的教育，科学教育是指以传授自然科学知识与科学技术为主的教育，二者包含了多方面的教育内容，承担着培养全方位人才的重要使命。"中国式现代化是物质文明和精神文明相协调的现代化。必须增强文化自信，发展社会主义先进文化，弘扬革命文化，传承中华优秀传统文化"②，应保障科学教育和人文教育同向同行，以人文情怀、人文底蕴支撑学生科学精神和科学素养培养，支撑学生科技创新思维和实践能力提升。以人文教育与自然科学的打通培养优秀人才，注入先进文化发展动力；以人文教育与社会科学的融通培养优秀人才，引领先进文化发展方向；以人文教育与世界民心的相通培养优秀人才，滋养先进文化内核，展望社会主义先进文化发展下的美好精神生活。

一　人文教育与自然科学打通注入先进文化发展动力

工业革命以来，随着科学技术的快速发展，教育越来越专门化、工具

---

① 习近平：《在欧美同学会成立 100 周年庆祝大会上的讲话》，《人民日报》2013 年 10 月 22 日，第 2 版。

② 《中共中央关于进一步全面深化改革　推进中国式现代化的决定》，北京：人民出版社，2024，第 32 页。

化，逐渐分化为人文教育与科学教育。但是，无论是培养人理性思维的科学教育，还是帮助人们形成正确价值观的人文教育，都是由知识、方法与精神等构成的有机统一整体，都对社会主义先进文化的发展具有重要的支撑作用。应以科学知识与人文知识、科学方法与人文方法、科学精神与人文精神的融通共育，为先进文化注入发展动力，实现对理想人格的追求。

（一）人文知识与自然科学知识相互交织

自然科学知识与人文知识的产生源于自在自然与人化自然的分化过程，成为认识和改造客观世界与主观世界的重要工具。尽管人文事实特别是社会事实曾经被逻辑实证主义所排斥，但它依然闯进了客观知识的世界视域，使自然科学知识和人文知识二者不再处于以往孤立隔绝的状态，而是开始了真正意义上的结合。《科学、人文及其融合》一书对自然科学知识和人文知识进行了深刻分析，并描述道："科学知识所指向的对象是外在物质世界，人文知识所指向的对象是人的精神世界。"[①] 虽然人文知识与自然科学知识指向的对象有所不同，但它们并不是完全孤立的。自然科学是对自然的科学观察，但是在其阐述中也包含着"非科学"的因素。自然科学知识在一定程度上也包含着诸多的人文内涵，同时，人文知识也在一定程度上以不同的方式包含着自然科学知识，纯粹的自然科学知识或是纯粹的人文知识只存在于理想状况之中。因此，人文知识与自然科学知识是相互联系、相互依存的。

自然科学知识与人文知识二者相互联系、相互依存的关系为先进文化的发展提供了理论基础。自然科学知识与人文知识之间存在理论知识和逻辑思维两方面的关联性。在理论知识方面，自然科学知识涉及物理学、化学、地质学等领域，人文知识涉及文学、哲学、艺术学等领域。两者利用不同概念、不同思维角度等开辟了更为广博的知识领域，强化了社会主义先进文化发展的理论支撑。在逻辑思维方面，自然科学知识按照学科逻辑进行编排设计与知识呈现，人文知识按照生活逻辑进行编排设计与知识呈现，能够从不同角度为社会主义先进文化的发展储备知识。因此，要充分注重二者之间的融合渗透，实施人文与科学兼顾的课程设置改革，促进文

[①]　郭昊龙：《科学、人文及其融合》，北京：高等教育出版社，2009，第18~19页。

理交叉融合发展。从横向复合来看，应进一步拓展文科的外延，推动文科专业体系不断优化、打破文理割离状态，优化重组文理学科的现有资源，实现单一专业向跨专业的转型升级；从纵向延伸来看，应探索文理教学相结合的教学方法，通过两者的交叉融合促进人们进一步认识、研究、解决学科本身、人与社会之间存在的复杂问题，不断夯实基础学科，"培养造就大批哲学家、社会科学家等各方面人才，为中国特色社会主义伟大实践提供思想和智力支持"①。总的来说，应通过自然科学知识与人文知识的滋养，为文化发展、精神富足提供知识土壤，为先进文化发展注入精神文化动力。

（二）人文方法与自然科学方法相得益彰

人们在认识与改造客观世界和主观世界的过程中形成了自然科学方法和人文方法。19世纪末期，自然科学方法与人文方法成为两个有着清晰界限的阵营。自然科学方法是指通过观察、实验、推理和验证数据等科学手段，有条理、有系统地解决问题、探索现象和获取知识的方法，具有客观性、可验证性等特征；人文方法是指在文学、哲学、历史等方面探索人类的情感、精神和价值观念的方法，强调对人类文化、价值观、历史和艺术等方面的研究和理解，具有偶然性、主观性特征。二者虽有不同，但并不相互排斥。一方面，两种方法相互贯通。自然科学方法被运用到人文学科的量化以及逻辑分析研究中，推动了人文学科的发展。同时，人文方法也相应地在科学领域中起到重要的作用。一项关于人类大脑两半球的研究表明，人的左脑和右脑之间是功能互补与功能分化的关系，人的意识是知、情、意的统一体，这一研究证明了人文方法在科学领域的作用。另一方面，自然科学方法和人文方法之间具有同一性，二者的根本目的是相同的，都以人的自由而全面发展为目标。自然科学方法指向的是外在的认识，通过把握有限的个体形成多元的科学知识体系，从而使对自身与自然的认识日渐完整；人文方法指向的是内在的体验，通过把握无限的动态部分提供丰富的精神财富，从而了解自身精神世界。基于以上两方面可以看出，自然科学方法与人文方法相互补充、相互联系。

---

① 樊丽明：《中国新文科建设的使命、成就及前瞻》，《中国高等教育》2022年第12期。

　　自然科学方法与人文方法为先进文化发展提供方法论指导。自然科学方法强调运用科学方法来认识自然、获取科学知识；人文方法强调主观性的表现，在认识活动与实践活动中以人为本，以人为对象和中心。二者相互融合后，既包含了对客观世界的认识又包含了对主观世界的认识，为先进文化的发展提供了全面的认识角度。因此，我们需要转变教育价值观，充分重视科学教育与人文教育在方法上的互补性，促进科学教育与人文教育二者融合。一是从现实社会角度出发转变教育价值观念。"才"是人安身立命的关键，"德"是人立身成人的根本。无论哪一种教育，都应该是以培养人为出发点的教育，"才"需要借助科学教育的力量来培养，"德"需要借助人文教育的熏陶力量来培养，应通过科学教育与人文教育提高人们整体素质，从而激发人们认识和改造主观世界与客观世界的积极性和创造性，不断凝聚推动社会主义先进文化发展的教育力量。二是从自身观念出发转变教育价值观念，打破传统观念束缚，改变重知识、轻素质的观念，重视素质教育，促进德智体美劳全面发展；同时，改变传统学习方式，从注重学习结果转向既注重结果又注重过程，不断适应时代发展要求，专注于学习者自身的全面改善以及全面发展。总之，运用自然科学方法与人文方法促进科学教育与人文教育的融合发展，从不同的认识角度为先进文化发展提供全方位的方法论指导，从而推动先进文化发展、人类精神文明发展。

（三）人文精神与自然科学精神相互交融

　　随着人类社会实践活动的深入，人们逐渐对客观世界与自身精神世界有了更确切的了解，由此产生了人文精神与自然科学精神。自然科学精神体现为"寻求人的解放与自由全面发展的科学手段"，是人类在认识自然过程中的精神积淀，凝聚着人类社会发展进步的精神力量；"人文精神体现为论证人的解放与自由全面发展的崇高价值目标"①，是在认识自身的过程中形成的，以人为中心，以自身的利益与价值为出发点，目的在于改造主观世界，从而不断丰富内心的精神世界。自然科学精神与人文精神之间

_____

　　① 周典恩、方恺：《科学、人文与实践：马克思主义人类学的范式超越》，《社会科学研究》2023 年第 6 期。

是相互渗透、相互联系的，二者对人类精神活动和内在体验的不同描述促进了人类精神文明的发展进步。第一，自然科学精神、人文精神相互联系。自然科学精神追求真实，人文精神追求善和美。求善和美是求真的方向标；求善和美要以求真为基础，二者相互渗透，共同促进人类精神文化的发展进步。第二，自然科学精神中渗透着人文意义。科学把人从神权中解放出来，在此过程中体现着人文关怀。第三，科学产生和发展于人文环境之中。将科学运用到解决人文问题的过程中需诉诸人文手段和方法才能达到目标。因此，自然科学精神、人文精神二者之间相互渗透、相互联系。

自然科学精神与人文精神共同为先进文化发展提供精神动力。先进文化是人类追求真善美的结晶，而自然科学精神与人文精神能够为实现真善美的统一提供精神动力，对于先进文化发展具有重要意义。求真是前提，如没有认识到世界的真实性与合理性，人们就无法改造世界，求真需要发扬科学精神的推动作用；善是关键，人们在实践中正确处理与自然的关系，需要善的参与，扬善需要发挥人文精神的催化作用；美体现的是人与自然的和谐统一，是真和善的统一体，因此，追求美需要发挥自然科学精神与人文精神的作用。通过自然科学精神与人文精神的指引，人们才可以在尊重客观规律的基础之上认识世界和改造世界，陶冶求实、扬善、爱美的道德情操，满足人类自身发展需要，"真正实现真善美的统一"①，不断为先进文化注入精神动力。其一，促进自然科学精神与人文精神的融合共育。先进文化的发展要求我们对自然科学精神与人文精神进行融合共育，以提高我们的科学素养与人文素养，促进人的全面发展。其二，注重教育实践作用。人类社会实践活动的统一是自然科学精神与人文精神的融通共育的基础，两种精神文化成果根植于人类社会实践活动。因此，应充分注重发挥教育实践作用，以教育实践弘扬自然科学精神与人文精神，在教育实践过程中正确理解科学教育与人文教育之间的关系，涵养自然科学精神与人文精神。总之，自然科学精神与人文精神是人们在社会实践中创造的两种精神，为先进文化的发展提供了丰富的精神文化条件，从而推动先进

---

① 汪信砚：《当代视域中的马克思主义哲学》，北京：人民出版社，2022，第481页。

文化不断向前发展、推动人类精神文明不断丰富。

二 人文教育与社会科学融通引领先进文化发展方向

人文社会科学是人文科学与社会科学的总称。社会科学成为一种独立的现代科学类型之前，是包含在人文科学之内的。19 世纪之后，社会科学逐渐地从人文科学中独立出来，形成了独立的科学类型，但二者之间没有严格的界限，而是侧重点有所不同。历史不断证明，人文社会科学在人类社会发展中发挥着重要的作用。近年来，哲学社会科学事业发展对于中国特色社会主义发展的重要性日益突出。习近平总书记在哲学社会科学工作座谈会上明确指出坚持和发展中国特色社会主义必须"高度重视哲学社会科学"①，这对新时代的哲学社会科学工作者提出了新的要求。新时代的哲学社会科学工作者要充分重视人文社会科学的作用，以人文社会科学弘扬中华优秀传统文化，为先进文化传播交流提供文化资源；以人文社会科学提升公众文化素养，为先进文化发展提供可靠智力保障；以人文社会科学促进社会文明发展，为先进文化发展提供稳定的发展环境。

（一）以人文社会科学弘扬中华优秀传统文化

当代中国，哲学社会科学成为社会主义先进文化的重要组成部分，人文社会科学的发展和繁荣既能为现实的经济建设和社会发展提供精神动力与智力支持，也能为先进文化的持续发展和进步营造良好的精神氛围，是中华优秀传统文化传承与发展的重要载体。中华民族 5000 多年的文明发展史，孕育和创造了具有中国特色的精神特质，如"天下兴亡，匹夫有责"的担当精神，实事求是的科学精神，勤劳勇敢的奋斗精神等，激励着历代中华儿女为民族的生存与发展不懈奋斗。要充分注重人文社会科学对于挖掘中华优秀传统文化的重要作用，不断让中华优秀传统文化焕发时代魅力、给予我们智慧上的启迪，不断推动先进文化发展。

以人文社会科学弘扬中华优秀传统文化，为先进文化的传播与交流提供理论支撑。习近平总书记提出："深入挖掘中华优秀传统文化蕴含的思想观念、人文精神、道德规范，结合时代要求继承创新，让中华文化展现

---

① 习近平：《在哲学社会科学工作座谈会上的讲话》，北京：人民出版社，2016，第 2 页。

出永久魅力和时代风采。"① 中华文明历史悠久，文化遗产价值不减，其中的哲学思想、人文精神、道德理念等蕴藏着许多解决人类社会难题的启示。因此，我们要以马克思主义理论为指引，通过人文社会科学的普及与传播，深入挖掘中华优秀传统文化中与当代文化相适应的文化基因，推动理论研究与实践传承朝着纵深方向发展，唤醒广大人民群众对中华优秀传统文化的自信与热爱，进而将立足中国又面向世界的先进文化传播出去。一方面，发挥宣传作用，扩大中华优秀传统文化影响力。延续"文史哲"不分家的优良传统，在做好人文学科的综合、跨学科研究的过程中，积极宣传中华优秀传统文化，带动广大人民群众成为传承、弘扬中华优秀传统文化的主体，以人文社会科学的繁荣发展，不断促进中华优秀传统文化的发展，不断丰富人们的精神境界。另一方面，依托科技推动中华优秀传统文化创新。立足于人文社会科学研究重点领域，用新技术、新手段推进古籍的广泛传播，助力新时代古籍工作开展，促进中华传统文化的传承与创新。总之，应通过人文社会科学的推动作用使中华优秀传统文化得到传承发展，夯实先进文化发展的理论基础，丰富精神生活共同富裕的精神文化成果。

（二）以人文社会科学提升公众文化素养

当今世界，经济全球化愈发深入，科技发展日新月异，国际竞争也愈发激烈。国家之间的竞争本质上是综合国力的竞争，而公众文化素养是评估一个国家综合国力的重要因素之一。习近平总书记指出："古往今来，任何一个大国的发展进程，既是经济总量、军事力量等硬实力提高的进程，也是价值观念、思想文化等软实力提高的进程。"② 因此，要充分注重提高公众的文化素养在增强综合国力中的重要作用。目前，不仅在社会领域涌现出许多新现象、新问题，人文社会科学在社会大浪潮中也面临许多新问题，即如何发展哲学、伦理学等理论问题与如何满足审美需求、如何处理人际关系等现实问题。人文社会科学是人们长期以来智慧的结晶，是经受住了科学和理性检验的知识体系，是我们认识世界和改造世界的重要

---

① 《习近平著作选读》（第二卷），北京：人民出版社，2023，第35页。
② 《习近平关于社会主义文化建设论述摘编》，北京：中央文献出版社，2017，第198页。

工具，能够为社会公众的认识活动、改造自然和社会的实践活动提供科学指导，发展人文社会科学是提高公众的文化素养的客观要求。人类在长期的生存和发展过程中唯有依据一定的人文社会科学理论、方法，才能运用长期积累的科学知识提升公众文化素养。

以人文社会科学提升公众文化素养能为先进文化发展提供可靠智力保障。在知识爆炸的时代，新知识、新技能、新方法层出不穷，需要我们拓宽自身知识领域、提升自身文化素养，以适应社会的发展进步。"进入21世纪以来，全球科技创新进入空前密集活跃的时期……学科之间、科学和技术之间、技术之间、自然科学和人文社会科学之间日益呈现交叉融合趋势，科学技术从来没有像今天这样深刻影响着国家前途命运，从来没有像今天这样深刻影响着人民生活福祉。"[①] 人文社会科学是主观认识对世界客观存在的反映不断深化的产物，是认识世界和改造世界的重要工具，同时也是推动社会历史不断发展的重要力量，为公众素养的提高提供了丰富的知识。由此可见，我们需要不断学习人文社会科学理论以充实自身，不断提高自身文化素养，进而为发展先进文化提供可靠的智力保障。一是加强人文社会科学领域的学术交流合作。在学习人文社会科学的理论知识，不断增强自身能力的过程中，人们又通过自身能力的增强不断创新人文社会科学理论，使得公众用新的观点、新的方法来认识、分析和解决新事物与新问题，形成科学理性的大众文化，提升公众的文化知识水平。二是加大对社会科学领域研究的支持力度。建立社会科学研究中心，整合社会科学数据资源，推动社会科学研究的可持续性发展。三是加大对社会科学研究人才的培养力度。鼓励更多青年学者参与研究项目，提供更多培训和学术交流平台，培养高水平的社会科学研究人才。总之，以人文社会科学的繁荣发展，推动公众文化素养提高，为先进文化发展提供源源不断的智力支持。

（三）以人文社会科学促进社会和谐发展

社会和谐发展旨在通过人与自然之间、人与人之间、人与社会之间、

---

① 习近平：《在中国科学院第十九次院士大会、中国工程院第十四次院士大会上的讲话》，北京：人民出版社，2018，第6~7页。

民族之间、国家之间的和谐促进社会的稳定与发展。中国特色社会主义进入了新时代，在新的历史方位下，社会和谐发展承载着广大人民的美好愿景。应充分认识社会和谐发展对于人类社会发展的重要作用，和谐是不断增强人们幸福感、获得感、满足感，实现深层次人民精神生活富裕的价值力量。人文社会科学是推动历史发展和社会进步的重要力量，对社会和谐发展有着不可替代的作用。

以人文社会科学促进社会和谐发展，为先进文化发展提供稳定发展环境。社会稳定不仅是重大的社会问题，同样是重大的政治问题，不仅关系到国家长治久安，也关系到先进文化发展的长久性，发展先进文化需要一个稳定的发展环境。因此，我们要充分发挥人文社会科学在先进文化发展中的重要作用，以人文社会科学促进社会和谐发展，为先进文化发展营造一个安定和谐的发展环境。第一，以人文社会科学引领社会和谐发展的正确方向。社会和谐发展是我们党顺应世界发展潮流和时代发展趋势所提出的目标。我们所要建设的和谐社会是社会主义和谐社会，要以社会主义、共产主义为发展方向。在促进社会和谐发展的过程中要避免国内外错误思想的误导，就必须充分发挥人文社会科学在促进社会和谐发展过程中的引导作用，营造和谐的社会氛围，维护社会的稳定，安定人心。第二，以人文社会科学激发社会和谐发展的精神动力。社会和谐发展是"人民幸福的重要保证"①，是广大人民群众的共同愿望，要使广大人民群众充分认识到社会和谐发展的重大意义，并积极投身于社会实践，需要人文社会科学工作者立足于理论层面，更加深入地研究、宣传，从而更新人们的认识、扩大人们的认识范围，激发人们建设和谐社会的积极性和主动性，让广大人民群众产生推动社会和谐发展的永久精神动力。总之，要重视人文社会科学对于先进文化发展的重要作用，促进和谐社会的构建，激发精神文明传承的精神动力，促进人类精神文明发展。

三 人文交流和世界民心相通滋养先进文化发展内核

马克思主义唯物辩证法认为，任何事物都不可能孤立存在，都与其他

① 张富文：《马克思主义人本思想中国化研究》，北京：人民出版社，2019，第212页。

事物存在一定联系，而任何文明也都与其他文明存在一定联系。"多样文明是世界的本色。"① 文明问题影响国际关系、全球治理以及国际秩序，无论哪一种文明，都需要同其他文明取长补短、交流互鉴，以促进自身的丰富发展，保持旺盛的生命活力。习近平主席在联合国日内瓦总部的演讲中谈道："每种文明都有其独特魅力和深厚底蕴，都是人类的精神瑰宝。"② 每个国家的文明都有优秀的一面，需要在交流互鉴中接续发展。我们应继承中华文明海纳百川的优良传统，倡导平等互鉴对话包容的文明观，"践行全球文明倡议，推动构建全球文明对话合作网络"③，从而为促进人类文明进步、世界和平发展提供重要动力。在人文交流过程中，以文明交流超越文明隔阂拓宽先进文化发展途径，以文明互鉴超越文明冲突丰富先进文化内涵，以文明共存超越文明优越搭建先进文化沟通桥梁，站在世界的角度提升人们思想境界，联通世界民心，滋养先进文化内核。

（一）以文明交流超越文明隔阂

马克思对人的社会性与能动性进行了深入具体的研究，提出"人是有意识的类存在物"④。因此，"人懂得按照任何一个种的尺度来进行生产，并且懂得处处都把内在的尺度运用于对象；因此，人也按照美的规律来构造"⑤。由于这一特性，人类按照一定客观规律与价值观念创造了文明，让文明具有了多样性的特征。在当今形势复杂的背景下，习近平总书记强调"越是思想认识不统一就越要善于寻求最大公约数"⑥，不断寻找多样文明的最大公约数，让不同文明求同存异，以文明交流超越文明隔阂，推动人类文明朝着正确的方向发展。

以文明交流超越文明隔阂，拓宽先进文化发展途径。文明的多样性给文明带来隔阂也给各国文明发展带来机会。由于各国的历史背景以及生产力发展水平不同，各个国家都形成了带有自己国家特色的文明，并且这些

---

① 《习近平向全球文明对话部长级会议致贺信》，《人民日报》2025 年 7 月 11 日，第 1 版。
② 《习近平著作选读》（第一卷），北京：人民出版社，2023，第 568 页。
③ 《习近平向全球文明对话部长级会议致贺信》，《人民日报》2025 年 7 月 11 日，第 1 版。
④ 《马克思恩格斯全集》（第四十二卷），北京：人民出版社，1979，第 96 页。
⑤ 《马克思恩格斯全集》（第三卷），北京：人民出版社，2002，第 274 页。
⑥ 《习近平关于全面深化改革论述摘编》，北京：中央文献出版社，2014，第 46 页。

文明随着时代的发展而不断发展，呈现出多样性，导致在文明交流过程中存在许多冲突。例如，乾隆时期，英国首次派使臣访华欲与我国进行贸易往来，但由于两国文化差异，这次尝试以失败告终。人类历史也反复证明，人类文明要得到发展，就必须交流互鉴。文明隔阂会阻碍人类文明的发展，要以文明交流互鉴消除文明隔阂，推动各国文明在求同存异中不断发展，为先进文化既立足中国又面向世界提供更多路径选择。中华民族在文明发展过程中秉持文明平等交流理念，在文明交流中尊重包容其他文明，吸取对方文明的有益文化成果为自己所用，促进中华文化的接续发展，试图消除各国、各地之间的文明隔阂，增进文明交流，从而推动世界文明向前发展。近年来，我国秉持文明交流互鉴理念，依托区域合作组织以及各类海外文化中心等组织了许多文化交流活动，为世界繁荣发展提供了中国方案，也给先进文化的发展提供了更多的借鉴。实践也证明，我国通过举办文化交流活动，促进了各交流国家的社会生产力发展。由此可见，文明交流互鉴不是仅仅影响精神层面，其同样也作用于物质层面，为创造物质财富和精神财富注入中国力量。

（二）以文明互鉴超越文明冲突

当今世界，随着经济全球化的深入发展，文明多元共存作为一种客观现象成为社会所不能忽视的方面，文明的多样性对文明创新转型提出了新要求，不同文明交织，人类文明的发展面临机遇与挑战。在这个机遇与挑战并存的时代，各个国家、各个地区相互依赖、相互联系，形成了你中有我、我中有你的人类命运共同体。2017年习近平主席在联合国日内瓦总部发表演讲，明确提出"构建人类命运共同体"[1]。文明交流互鉴理念在本质上与人类命运共同体的构建具有一致性，"不同社会制度可以相互包容，不同发展模式可以相互合作，不同价值文化可以相互交流"[2]，要在不同文明的交流中寻找"最大公约数"，以文明互鉴超越文明冲突，形成共同认可的价值观念，避免冲突与矛盾，共同面对当今的各种挑战，最终实现人类共同利益。

---

① 《习近平著作选读》（第一卷），北京：人民出版社，2023，第563页。
② 《习近平外交演讲集》（第一卷），北京：中央文献出版社，2022，第251页。

以文明互鉴超越文明冲突，丰富先进文化内涵。习近平主席在亚太经合组织工商领导人峰会上强调："差异不应该成为交流的障碍，更不能成为对抗的理由。"① 习近平总书记以世界眼光看到了文明冲突不在于文明的差异，而在于利益的冲突。基于此，习近平总书记提出了"以文明互鉴超越文明冲突"② 的思想，即用包容的观点对待多样的文明与避免文明冲突，促进各个国家之间的文明沟通与交流，促使先进文化从不同文明中吸取营养，为先进文化提供丰富的文化资源，不断丰富其自身文化内涵。一方面，以我为主、为我所用。由于各国的历史背景和社会体制不同，并不是所有的文明成果都能吸收借鉴，而是需要以海纳百川的胸怀吸收对自己有益的文明成果，坚持以我为主、为我所用。例如，我国在马克思主义的继承与运用方面，就是以我国的基本国情为出发点，把马克思主义基本原理与我国的具体实际相结合，推动了马克思主义中国化，形成了各种思想成果。另一方面，认同本民族文化，尊重其他国家文化。最为根本的就是要认同本民族文化，增强文化认同感，凝聚文化精神力量，推动中国特色社会主义繁荣发展。同时，善于学习、吸收其他国家优秀的思想文化精华，为中华文明发展积淀精神力量。人类社会发展是不断进步、不断完善的过程，只有适合自己国家的道路才能推动自己国家发展进步。历史一再证明，没有哪一种文明可以独自发展，"要持续进步，各国就应该坚持要开放不要封闭，要合作不要对抗，要共赢不要独占"③。由此可知，应以文明互鉴超越文明冲突，站在世界前沿以包容精神化解文明冲突，用中华文明的强大感召力和生命力引领人类精神文明的发展。

（三）以文明共存超越文明优越

任何一种文明都是人类在文明发展历程中孕育出来的，是各国人民集体智慧的结晶，每一种文明都值得吸收借鉴。然而，不同文明产生的历史背景、发展过程有所差异，导致近代以来产生了两种极端的观点。其一，认为自己的文明优于其他文明。资本主义国家通过暴力等多种不合理方式

---

① 《习近平外交演讲集》（第二卷），北京：中央文献出版社，2023，第163页。
② 习近平：《论坚持推动构建人类命运共同体》，北京：中央文献出版社，2018，第533页。
③ 《习近平著作选读》（第二卷），北京：人民出版社，2023，第214页。

控制落后国家的军事、经济、政治等方面，资本主义国家在操纵落后国家的过程中吸收了落后国家的文明，促进了资本主义文明的进步发展。经历过工业革命洗礼的资本主义得到了空前的发展，西方国家在政治、经济、科技等方面处于世界领先水平，成为世界霸主。基于此，西方国家认为自己的文明优于其他文明，同时在全世界宣扬自己国家的文化，欲对其他国家进行意识形态的输出。其二，一国在某一阶段的发展过程中出现暂时的停滞，会让自己产生一种自卑感。由于西方资本主义国家对发展中国家的长期控制，这些国家的社会发展处于极端不平衡状态，因此，资本主义国家凭借其优势地位不断地对被压迫民族的文明进行压榨，致使一些发展中国家对自己的文明有一定的自卑心理，自然地认为西方资本主义国家文明优于自己的文明，最终接受资本主义国家的文明，导致自己国家的文明走向衰落。事实上两种极端的思想都是错误的，无论哪一种文明都是人类文明不可或缺的重要组成部分。我们需要充分尊重文明的多样性，不断寻求文明最大公约数，以文明共存超越文明优越，以包容的态度对待多样的文明。

以文明共存超越文明优越，搭建先进文化沟通桥梁。人类文明多样性为我国吸收他国优秀文明，进而推动人类文明新形态的形成发展提供了可能。习近平主席指出，"多样性是客观现实，将长期存在。差异并不可怕，可怕的是傲慢、偏见、仇视"①。历史不断证明，文明共存已经成为一个大的时代趋势，是人类文明发展进步的重要因素，承载着全世界各国人民的和平愿望。例如，第三次科技革命促进了各国之间的文明交流，然而各类赤字冲击着全球的治理秩序，这时，文明共存成为应对这次挑战的文化保障，各个国家需要摒弃文明优越、文明自卑的偏见，充分尊重文明的多样性，在交流过程中对话而不对抗，相互理解，以文明共存超越文明优越，推动不同文明之间的交流对话，在先进文化与世界文明间搭建沟通桥梁。一方面，积极搭建文化交流平台。通过举办文化交流活动、文化艺术节等，统筹推动"文明培育、文明实践、文明创建"②，坚持平等对话，让人

---

① 《习近平谈治国理政》（第四卷），北京：外文出版社，2022，第460页。

② 《推动精神文明建设高质量发展 为强国建设民族复兴提供强大精神力量》，《人民日报》2025年5月24日，第1版。

们亲身感受不同文明的魅力所在，增进文明对彼此的了解与认识，加强不同文明之间的沟通与对话。另一方面，建立文明对话机制。通过高层对话与文明论坛等形式，围绕文明发展、文明交流等议题进行深入的探讨与对话，推动不同文明之间的相互尊重、相互包容、相互理解，实现文明的共同进步与发展。总之，以文明共存超越文明优越，以包容的态度对待世界文明，能促进世界文明的多样性发展，使人类精神文明大放异彩，促进人类精神文明的进步与发展。

第五章 数字化时代人民精神生活
共同富裕的愿景

　　精神生活共同富裕的基础是"富"，是精神文化资源丰富多元的生动体现。2022~2025年，数字中国发展指数的增长率保持在10%以上。数字不仅为经济发展带来全新机遇，也为人民生活改善带来极大助力。习近平总书记指出："数字经济发展速度之快、辐射范围之广、影响程度之深前所未有，正在成为重组全球要素资源、重塑全球经济结构、改变全球竞争格局的关键力量。"① 当前，数字化已成为全球发展的重要主题，应以数字经济推进国家文化繁荣全民精神富有、以数字社会推动精神文化资源共创共享共生、以数字生活助力全面提升广大人民精神素养、以数字领域国际合作构建开放包容精神世界，共话数字时代繁荣新愿景。

第一节　数字经济推进国家文化繁荣全民精神富有

　　在扎实推进全体人民共同富裕的道路上，要将文化主动贯穿人民精神生活共同富裕的始终。习近平总书记强调："没有中华文化繁荣兴盛，就没有中华民族伟大复兴。一个民族的复兴需要强大的物质力量，也需要强大的精神力量。"② 数字经济的发展是不可逆的时代潮流，应认清它、接受它并利用它，以数字化推动国家文化繁荣、全民精神富有。以数字基础设施打造新时代文化高地、以数据资源体系提高文化产品和服务质量、以数

---

　　① 《习近平著作选读》（第二卷），北京：人民出版社，2023，第534页。
　　② 习近平：《在文艺工作座谈会上的讲话》，北京：人民出版社，2015，第5页。

字技术优化社会治理环境，创造属于数字时代的新文化，推动文化繁荣兴盛，增强人民精神力量。

一　以数字基础设施打造新时代文化高地

党的十八大以来，以习近平同志为核心的党中央高度重视数字基础设施建设工作，我国数字基础设施规模不断扩大。截至 2024 年底，中国算力总规模达 280 EFLOPS，5G 基站数达 425.1 万个，具备千兆网络服务能力的 10G PON 端口数达 2820 万个，移动物联网终端用户数达 26.56 亿户，数字基础设施水平的不断提升持续为数字经济发展提供强劲动能。以数字化改革为抓手，以数字赋能打造思想文化引领高地、以数字转型打造文化产业发展高地、以数字平台打造城市文化形象高地，激发新时代中国特色社会主义文化的内在发展动力，以更高站位、更大格局、更广视野谋划打造具有中国特色、中国气派、中国风格的新时代文化高地。

（一）以数字赋能打造思想文化引领高地

宣传思想文化工作不仅对于党的前途命运具有至关重要的影响，还关乎国家的长期稳定与繁荣，更与民族凝聚力和向心力紧密相连。世界百年未有之大变局加速演进，中华民族伟大复兴正迈入关键历史节点，在全面建设社会主义现代化国家的新征程上，我国宣传思想文化工作面临着难得的战略机遇，也伴随着不容忽视的风险挑战。习近平总书记强调："把做好宣传思想文化工作作为重大政治责任扛在肩上，确保党中央关于文化建设的决策部署落到实处。各级宣传文化部门要强化政治担当，勇于改革创新，敢于善于斗争，不断开创新时代宣传思想文化工作新局面。"[①] 因此，以数字赋能着力加强党对宣传思想文化工作的领导，引导各族人民群众在精神生活上向现代化迈进，成为提升执政能力的必然选择。宣传思想文化工作要有新气象新作为，就必须以习近平文化思想为强大思想武器和科学行动指南，以数字化为推动力，切实增强做好新时代宣传思想文化工作的

[①] 《坚定文化自信秉持开放包容坚持守正创新 为全面建设社会主义现代化国家全面推进中华民族伟大复兴提供坚强思想保证强大精神力量有利文化条件》，《人民日报》2023 年 10 月 9 日，第 1 版。

使命感和责任感，巩固壮大主流思想舆论，不断提升中华文明的影响力和感召力，增强中华民族团结奋斗推进复兴伟业的凝聚力、向心力。

以正能量增强网络感染力，建设具有强大凝聚力和引领力的社会主义意识形态。习近平总书记强调，"过不了互联网这一关，就过不了长期执政这一关"①。当前，人们生产生活的新空间逐步向网络空间转移，基于此网络空间也应该成为我们党凝聚共识的新空间。不仅要把网络文明建设放在推动文化建设的重要位置，更要将习近平新时代中国特色社会主义思想精髓贯彻落实到宣传思想文化工作的各方面、全过程。推动 5G 通信技术与云计算服务、大数据处理、区块链技术、人工智能算法等多元化技术深度融合，实现技术的互补与协同发展。持续拓展网上主题宣传报道新渠道、新形式、新语态，充分发挥数字内容生产的优势，运用人民喜闻乐见的方式来丰富数字出版产品的内容供给，将数字化融入精神文明建设，并和媒体深度融合，不断提升新闻舆论传播力、引导力、影响力、公信力，发展积极健康的网络文化。正确利用互联网，守好意识形态阵地，全力筑牢人民团结奋斗的共同思想基础，共建网上美好精神家园，使互联网成为铸牢中华民族共同体意识的"最大增量"。

以数字化提高文化治理效能，增强全党全国各族人民文明自信。习近平总书记强调："在基础性、战略性工作上下功夫，在关键处、要害处下功夫，在工作质量和水平上下功夫，推动宣传思想工作不断强起来，促进全体人民在理想信念、价值理念、道德观念上紧紧团结在一起，为服务党和国家事业全局作出更大贡献。"② 精准聚焦宣传思想文化领域最为紧迫的需求、最难以攻克的难题以及对人民获得感影响最大的事项，围绕这些事项和议题，保持高度关注和精准定位，提炼精神标识，推动精神站得住、站得稳，坚定不移地推进宣传思想文化工作，确保每一项措施都能够精准对接现实需求，解决深层次问题。同时，正确认识中国特色社会主义文化建设规律，贯彻落实"胸怀大局、把握大势、着眼大事"的要求，着力赓续中华文脉，推动中华优秀传统文化创造性转化和创新性发展，推动

---

① 《习近平著作选读》（第二卷），北京：人民出版社，2023，第 147 页。
② 《习近平谈治国理政》（第三卷），北京：外文出版社，2020，第 310 页。

文化事业和文化产业繁荣发展，为开创宣传思想文化工作新局面提供有利的文化条件。一方面，面对人民群众多样化多层次多方面的精神文化需求，要坚持问题导向，精准把握互联网带来的新机遇和新挑战，加强网络文明建设，推动宣传改革发展降成本、增效能、提质量，丰富人民精神文化需求，不断提高我国文化软实力，充分激发文化创新创造活力，为进一步推进宣传思想文化工作指明方向。另一方面，积极发挥数字化在宣传思想文化工作中的显著作用，以数字化强化思想引领、引领舆论导向、做好文化传承、全心全意服务人民，确保宣传思想文化工作的正确方向和高效落实。与此同时，充分发挥融媒体中心数字平台的优势，全面赋能历史文化遗产保护、"红色文化"资源建设，提高驾驭数字化的能力和本领，以数字化思维支撑党的旗帜在宣传思想战线高高飘扬。要紧密结合习近平总书记关于网络强国的重要思想，以钉钉子精神将宣传思想文化工作各项任务落到实处，开创宣传思想文化工作新局面，彰显在党的坚强领导下建设中华民族现代文明的坚定步伐和生机活力，推动中华民族共同精神家园的构筑。

总而言之，利用互联网团结民族进步力量，着眼于网络技术的深度应用和数字技术的创新驱动，不断增强全民族阵地意识，确保宣传思想文化工作在网络化、数字化时代取得实效，使全党全国各族人民精神面貌更加奋发昂扬，为全面建成社会主义现代化强国、全面推进中华民族伟大复兴提供强大精神力量和坚强思想保证。

（二）以数字转型打造文化产业发展高地

数字技术创新和产业创新深度融合。文化产业实现数字化转型，是我国实现文化强国战略目标的应有之义，这一转型进程不仅符合时代发展趋势，更是推动文化创新、提高文化软实力的关键所在。习近平总书记指出："一个没有精神力量的民族难以自立自强，一项没有文化支撑的事业难以持续长久。"[1] 推动数字文化产业的高质量发展，同时加快数字文化产业化和文化产业数字化的发展步伐，使数字产业集群集聚效应不断凸显，对于实现人民精神生活共同富裕具有促进作用。

---

[1]　《习近平谈治国理政》（第一卷），北京：外文出版社，2018，第52页。

　　传统文化产业在数字化浪潮中开始探索转型升级道路。实现文化产业数字化转型升级，要把准时代脉搏，更好满足人民群众日益增长的精神文化需求，开辟文化发展新渠道，进一步切实提高人民群众的文化自信。第一，广播电视行业正稳步踏上转型与升级的探索之路。在此过程中，中央广播电视总台敏锐抓住 5G 网络技术发展的时代机遇，以先进技术为驱动，成功上线"全国县级融媒体智慧平台"暨央视网新版全终端。通过整合视频、图文、短视频等多种全息化媒体表现手段，深入阐释党的新思想、新理论、新成果，生动展示党的深切情怀与卓越风采，极大地丰富了数字文化产品的内涵与外延。这一系列举措，不仅优化了数字文化产品内容供给结构，还深刻回应了人民群众对高品质视听体验日益增长的新需求，极大地提升了用户的互动参与感和体验满意度，为构建更加贴近时代、贴近群众的新型广电媒体生态奠定了坚实基础。第二，传统纸质书籍、图书馆和博物馆精准把握人民群众的数字文化产品需求，开始转向互联网存储，利用数字化把文化资源优势转化为发展优势和竞争优势，不断推出人民群众满意且蕴含中国文化元素的数字文化创意产品，并以线上虚拟支付和线下实体支付的形式销售这些产品，提高用户体验。第三，《数字中国发展报告（2024 年）》指出，截至 2024 年，中国已经连续 12 年稳居全球网络零售市场的榜首位置，2024 年网上销售额达到 15.52 万亿元，网民规模已达 11.08 亿人。[①] 因此，要不断增强平台经济的作用，通过人工智能、区块链、大数据等搜集用户信息的有效途径，借助庞大的网民规模带来的超大规模市场这一优势，利用更加多元的数字消费新热点，加快发展与规范网红业态和网络直播等新型消费形式，以敏锐的市场感知力和较强的消费洞察力，精准把握消费者的文化需求，实现文化产品和服务的精准推送，驱动消费智能化升级，适应和满足人民群众日益增长的精神文化需求。

　　顺应数字化发展趋势，与时俱进推动文化产业高质量发展。"面向文化建设重大需求，把握文化科技发展趋势，瞄准国际科技前沿，选准主攻方向和突破口，打通文化和科技融合的'最后一公里'，激发各类主体创新活力，创造更多文化和科技融合创新性成果，为高质量文化供给提供强

---

① 参见国家数据局《数字中国发展报告（2024 年）》，2025，第 21 页。

有力的支撑。"① 推动文化产业高质量发展，提供高品质文化产品，要不断深化文化和科技融合，满足人民精神文化需求。首先，加强依托于 5G 的工业互联网和移动互联网基础设施建设，完善文化产业"云、网、端"基础设施，升级传统文化基础设施。其次，文化企业及内部人员树立高质量发展的理念信念，提高对数字技术的掌握程度，培养数字创新意识，更好了解和适应数字化转型的要求，推动企业自身更加符合我国文化产业发展趋势。最后，强化网络版权保护，激发创作热情，引导各类平台和广大网民加强优质网络文化产品的创作，打造出更符合社会主义核心价值观的新时代网络文化产品。更为重要的是，整治文化产业发展失范行为及乱象，加强市场监管，完善有利于文化产业数字化转型升级发展的体制机制，为文化产业数字化转型和高质量发展保驾护航。

新征程上，依托数字基础设施实现文化产业的创新和升级，为文化产业的发展注入新的动力和活力，促进文化产业的多元化和个性化发展，不断满足人民日益增长的对优质文化产品和精神文化服务的需求，让人民享受更高质量的数字文化产品和服务。

（三）以数字平台打造城市文化形象高地

文化具有塑形铸魂的功能，文化是城市的灵魂，城市文化是城市发展的重要标识。有学者指出："特色文化城市，因其存在富有特色的城市文化使然，亦是表明某一特定城市在精神、制度和物质层面所展示出的具有一定特点的历史底蕴、发展形态、创造活力和价值追求。特色文化城市总是在历史的长河中逐步形成的，富有特色的城市文化传统或历史文化底蕴的积淀与形成。"② 城市积极引进各类科技、文化、艺术项目，助力提升城市科技创新实力和文化软实力，以此打造新时代城市文化形象高地，不断铸就中华文明新辉煌，促使群体中的个体对城市产生情感上的认同，助推城市务实且高质量发展。

---

① 科技部、中央宣传部、中央网信办、财政部、文化和旅游部、广播电视总局：《关于促进文化和科技深度融合的指导意见》，中国政府网，2019 年 8 月 13 日，https://www.gov.cn/gongbao/content/2019/content_5456814.htm。

② 陈圣来等：《城市的秉性——大型特色活动与特色文化城市》，北京：人民出版社，2020，第 456 页。

拓展城市文化传承和发展新渠道，增强人民精神力量。随着信息化数字化不断发展，城市文化的传承与发展已不再局限于传统的实体空间，而是拓展到虚拟的网络空间。在城市文化形象的打造过程中，发掘特色、挖掘精神内核，构建官方网站、社交媒体、移动应用等一系列数字化平台，作为城市文化传播的主要渠道，为城市文化的传承与发展提供实践的空间，打造区级、街道级、社区级三级文化品牌，推动满足人民文化需求和增强人民精神力量相统一。

以人民为中心发展优秀城市文化，涵养城市居民精神文明。随着我国社会主要矛盾的转化，必须致力于满足人民日益增长的美好生活需要，而以数字化推动文化发展是实现这一目标的重要途径。第一，利用数字平台，挖掘城市精神和内在气质，推动城市文化资源共享，焕发城市蓬勃活力和强大生命力，满足人民丰富而有品位的城市文化需求。第二，在数字化平台的内容创新中，关注人民群众的需求，挖掘城市文化的内涵，打造具有地域特色和人文关怀的文化形象。第三，通过用户生成内容（UGC）的模式，引导人民群众参与城市文化的创作与传播，赋予其具有新时代内涵的城市特色，使其成为具有浓郁地域特色和时代气息的优秀城市文化，让城市文化形象更加贴近人民群众的生活。

发展数字平台提高城市文化认可度，构建精神富足的美好城市。利用数字平台突出城市人文底色和城市气质，涵养城市文化底蕴，构筑城市精神高地，增强城市吸引力和人民归属感，践行人民城市理念。首先，通过社交媒体和短视频平台发布有关城市文化的资讯和活动信息，吸引更多的人关注和参与城市文化的传承与发展。其次，充分利用数字化平台的新优势，坚持"百家争鸣，百花齐放"，促进不同城市、不同地区之间的文化交流与融合，推动城市文化的创新与发展。最后，利用线上展览、虚拟旅游等方式，展示不同城市的文化特色，促进相互了解和学习，满足人民日益增长的精神文化需求，不断实现人民对美好生活的向往。通过数字化平台，不断扩大城市文化的影响力，提升人民群众对城市文化的认知度、认可度，建设人民群众满意、精神富足的幸福美好城市。

奋进新征程，秉承"城市，让生活更美好"理念，"推动全球城市可持续发展，对共创普惠平衡、协调包容、合作共赢、共同繁荣的发展格局具有重要意义"①。运用数字平台对城市文化资源进行数字化转换与整合，充分挖掘城市文化资源的潜力，以全新的方式呈现文化的多样性和独特性，传承好历史文脉，梳理城市文化发展脉络，展现城市的独特文化魅力，促进城市文化的繁荣和发展，打造更具底蕴、更富品质魅力的城市文化高地，使人民群众感受、体验融入新时代风格的城市文化，为展示城市魅力汇聚更加强大的精神力量。

二　以数据资源体系提高文化产品和服务质量

当今数字化时代，数据资源体系已经渗透到各个领域，数据的作用日益凸显，经济、社会、政治、文化等领域都离不开数据要素、数据应用。同样，在提高文化产品和服务质量方面，数据资源体系也发挥着重要作用。围绕构建国家文化大数据体系、推动文化资源数字化和发展文化大数据服务三个方面提高文化产品和服务质量，适应数字化时代对文化创新和发展的要求，更好应对科技革命和产业变革给文化产品和服务质量提升带来的机遇和挑战。

（一）文化大数据体系提高公共文化服务水平

国家文化大数据体系的建设，无疑构成了新时代文化建设中的核心基础性工程，其重要性不言而喻。这不仅是贯彻落实国家大数据战略的关键步骤，还是提高公共文化服务水平的重要活力源泉，更是推动文化与科技深度融合、实现文化创新发展的有效举措，对于推动文化事业繁荣发展具有重要意义。2022 年 3 月，中共中央办公厅、国务院办公厅印发了《关于推进实施国家文化数字化战略的意见》，明确提出到"十四五"时期末，形成线上线下融合互动、立体覆盖的文化服务供给体系；到 2035 年，建成物理分布、逻辑关联、快速链接、高效搜索、全面共享、重点集成的国家文化大数据体系。② 以国家文化大数据体系为抓手，坚持统一设计、长期规划、分步实施，统筹文化资源存量和增量的数字化，推动文化企事业单

① 《习近平关于城市工作论述摘编》，北京：中央文献出版社，2023，第 117 页。
② 《中共中央办公厅　国务院办公厅印发〈关于推进实施国家文化数字化战略的意见〉》，中国政府网，2022 年 5 月 22 日，https://www.gov.cn/xinwen/2022 - 05/22/contentt_569 1759.htm。

位基于文化大数据不断推出新产品新服务，提升文化产品和服务的质量，有效提高公共文化服务水平，健全现代文化产业体系，提高社会文明程度。

建立国家文化大数据中心，为文化产品的创新和改进提供强有力的技术支持。整合全国文化资源，实现对文化资源的全面掌握和深入挖掘。收集、分析数据资源，更加精准地了解服务对象的需求和偏好，并制订更加优质的服务计划，从而为服务对象提供更加个性化、便捷、高效的服务，为公共文化服务提供精准的管理和高效的运营支持，以此提高公共文化服务的透明度和公众的参与度。与此同时，建立数字化管理平台，实现对公共文化服务的实时监测和数据分析，及时发现和解决服务中存在的问题，提高服务的效率和质量。

建立国家文化大数据体系，实现全国范围内公共文化服务的全覆盖和深挖掘。以国家层面的数据共享交换平台为依托，汇聚整合全国各级各类文化机构的数据资源，形成全面、准确、客观的文化大数据体系。通过这一体系全面了解全国各地的公共文化服务情况，掌握服务对象的数量、需求、偏好等信息，为制定更加精准的公共文化服务政策提供数据支持。深入挖掘公共文化服务大数据是提升服务质量和效率的关键，通过分析海量数据把握公众对公共文化服务的真实需求和爱好，找出瓶颈，为优化服务流程、提高服务质量提供科学依据。同时，以数据共享和信息交互实现公共文化服务的跨区域、跨领域融合，为公众提供更加多元化、个性化的选择。

总之，国家文化大数据体系的构建，实现了数据资源的共享和利用。在提高公共文化服务效能的同时，还有助于更好地了解公众的需求和反馈，及时调整和优化公共文化服务的内容和方式，增强服务的针对性和实效性，保障城乡居民的基本文化需求，提高人民群众对公共文化服务质量满意度。

（二）文化资源数字化增强文化传播力吸引力

文化资源数字化是文化领域中的新兴领域，是推动文化创新发展的重要途径。应充分发挥数字文化资源的作用，整合梳理数据资源，打破数据壁垒，统筹推进数字文化资源的管理、利用，加强公共数字文化资源建设，丰富数字文化内容，增强文化传播力、感染力和吸引力。

　　加强文化资源数字化建设和发展，坚定文化自信自强，传承中华文明。"'自'，就是立足自己的实际，依靠自己的力量，突出自己的特色，走自己的文化发展道路；'强'，就是要使我们的文化具有强大的吸引力影响力、强大的活力创造力、强大的实力竞争力。只有文化真正强起来了，才能凝聚起实现中华民族伟大复兴的精神力量。"① 文化自信自强是精神富有的重要前提。加强对文化遗产、文化艺术等文化资源的数字化保护和利用，为更好阐明中国式现代化和精神生活共同富裕的文化底蕴打好基础，从而传承、建设中华民族现代文明。一方面，进一步摸清底数，建设文化资源库，精准掌握文化数据，对珍贵的文化遗产、文化艺术等文化资源进行数字化转化和保护，避免其遭到破坏和流失，从而实现对文化资源的全面保护、传承和发展，确保文化资源的完整性和安全性。另一方面，加强网络文学、影视、音乐等新兴文化资源的数字化建设，通过数字化手段，对这些文化资源进行整合、挖掘和利用，对各种类型的文化资源进行分类、整理和存储，进行数字化转换，从而形成完整、内容丰富、形态多样的文化资源数据库，增强文化的传播力。

　　加强文化数字化技术研发和创新，构建中华民族精神家园。习近平总书记强调："必须顺应中华民族从历史走向未来、从传统走向现代、从多元凝聚为一体的发展大趋势，深刻理解把握中华文明的突出特性，在新的历史起点上不断构筑中华民族共有精神家园，为铸牢中华民族共同体意识奠定坚实的精神和文化基础。"② 构建中华民族精神家园以数字化为驱动力，不断推动新时代文化高质量发展。加强虚拟现实、增强现实、人工智能等技术在继承与发展中华优秀传统文化中的应用，结合时代审美，提取中华文化元素、符号和标识等，打造更多文化消费新场景，更好地将数字文化资源以人民群众喜闻乐见的方式方法呈现和传播。通过这一举措推动中华优秀传统文化创造性转化与创新性发展，增强文化的感染力和吸引力，激发文化创新创造活力，全方位推进精神生活共同富裕。

　　加强文化资源传播渠道拓展和利用，增强人民群众的文化获得感。当

---

① 王学斌：《从文明古国迈向文化强国》，北京：人民出版社，2023，第 5 页。
② 习近平：《铸牢中华民族共同体意识 推进新时代党的民族工作高质量发展》，《求是》2024 年第 3 期。

前"影响文化资源数字化开发和传播效果的关键要素和影响机理尚不清晰，难以实现科学有效的文化资源数字化开发和传播"①。因此，推动文化资源数字化成果全民共享，要不断拓宽文化传播渠道，摸清人民群众精神文化需求，精准满足人民群众的要求，推动人民实时共享精神文化资源，使其享受更高质量的精神文化生活，提高文化的传播力和影响力。一方面，通过数字化技术对网络媒体、社交媒体、电视广播等文化传播渠道进行整合和利用，形成完整的文化传播体系，让文化资源得到有效传播和利用。另一方面，强化版权保护，打造媒体资源数据库，提升内容生产力，推进内容生产供给侧结构性改革，强化用户连接，发挥制度优势和市场作用，增强主流媒体竞争力，增强文化活动体验感，让文化资源真正活起来，为实现第二个百年奋斗目标提供强大的文化滋养与精神支撑。

保护好、挖掘好和传承好文化资源，不断推动文化资源向数字化方向发展，将丰富的文化资源转化为数字形态，以生动、形象、立体的方式呈现多元文化资源，增强文化吸引力和感染力，推动文化力量所创造的精神富裕为实现中国梦提供思想支撑和价值引领。

（三）文化大数据服务生产优秀数字文化产品

在国家文化数字化战略实施背景下，我国数字文化资源日益丰富。习近平总书记强调："广大文艺工作者要坚持以人民为中心的创作导向，把人民放在心中最高位置，把人民满意不满意作为检验艺术的最高标准，创作更多满足人民文化需求和增强人民精神力量的优秀作品，让文艺的百花园永远为人民绽放。"② 数字文化产品是文化数字化驱动下的文创产业升级的产物。数字文化产品充分受益于文化数字化战略推动和人工智能、区块链等前沿技术发展，应利用文化大数据服务生产优秀数字文化产品，为文化繁荣发展提供新动能，助推文化强国建设迈上新台阶。

全方位精准保障数据安全，实现富民与安民的有机统一。一方面，畅通数据资源大循环，建立健全数据安全管理制度和机制，为分析用户行为

① 傅予、李博然、徐拥军：《数字人文视角下文化资源数字化开发和传播要素与影响机理研究》，《图书情报工作》2023 年第 20 期。
② 《习近平谈治国理政》（第四卷），北京：外文出版社，2022，第 322 页。

数据提供帮助，及时掌握市场动态，更好地了解用户需求，调整产品和服务策略，突出风格和文化特色，提高市场竞争力，从而提供更符合用户期望的产品和服务。另一方面，增强数据安全保障能力，切实维护网络安全，为分析市场数据保驾护航，以此推动文化产业的创新和发展，并基于文化产业的发展和创新，生产符合社会需求、人民期待的优秀数字文化产品。

全方面适应数字时代文化产业产品新要求，提高精神供给质量。全面梳理文化成果，创作符合社会主义核心价值观、通俗易懂和健康向上的精神食粮。习近平总书记强调："中国不乏生动的故事，关键要有讲好故事的能力；中国不乏史诗般的实践，关键要有创作史诗的雄心。"① 因而，应匠心打造网络电影、网络纪录片、网络综艺节目、纪实文艺节目、网络剧等符合主流思想舆论的主旋律作品，持续满足广大人民群众对精神文化供给的高质量需求。一是打破刻板印象，利用生成式人工智能和机器生成内容自动生成反映中国发展成就、文化魅力、人民生活的多样化优质内容，在数字平台上讲述好人民群众关于伟大斗争、伟大工程、伟大事业、伟大梦想的奋斗故事，并在此基础上，塑造好、展现好人民群众的美好形象和精神风貌，展示新时代的伟大成就。二是主动融入"两微一抖""小红书"等平台，借助互联网数据平台的影响力和渗透力，推动数字内容生产符合正能量导向，不断适应数字时代文化产业产品新要求，创造贯彻习近平文化思想、符合新时代主旋律的数字文化作品，为开启新征程坚定美好生活信念。三是挖掘和用好历史文化资源、红色文化资源，发展动漫、互联网文化娱乐平台等文化新业态。"构建满足人民精神文化需求的文娱生态，让人民精神文化生活不断迈上新台阶，营造健康向上繁荣有序的文娱发展环境。"② 专注增强文化服务能力，鼓励广大网民积极创作符合主流意识形态、向上向善的网络文化产品，增强数字文化产品的感染力和影响力。

总之，建设文化大数据服务对生产优秀数字文化产品具有至关重要的作用。始终站稳人民立场，利用大数据服务，深度了解人民需求，深入挖

---

① 习近平：《在中国文联十大、中国作协九大开幕式上的讲话》，北京：人民出版社，2016，第 22 页。

② 张小平：《构建健康向上繁荣有序的文娱生态》，《人民论坛》2024 年第 14 期。

掘具有独特价值和魅力的文化元素，为数字文化产品的创作和生产提供技术支持和创新灵感，不断提高人民群众的消费体验，从而满足人民群众高质量、个性化的需要。

三　以数字技术优化社会治理环境

社会治理环境的优化，需要充分发挥数字技术的赋能作用。习近平总书记指出："数字技术正以新理念、新业态、新模式全面融入人类经济、政治、文化、社会、生态文明建设各领域和全过程，给人类生产生活带来广泛而深刻的影响。"[①] 数字化时代，数字技术拥有独特魅力和强劲动能，对人类生产生活方式产生广泛而深刻的影响，特别是在社会治理领域。故而，应依托数字技术，更新治理理念、创新治理手段、提升治理效能，源源不断地为优化社会治理环境注入鲜活动力。探索以智慧城市建设提升公共服务质量、以政府数字转型提高社会治理协同能力、以培养数字人才引领多元主体参与治理，推动实现全体人民共享发展成果，为人民提供更加便利化、精细化、普惠化的数字治理服务。

（一）以智慧城市建设提升公共服务质量

智慧城市是一种城市信息化的高级形态，是城市发展的新方向，将新一代信息技术充分应用于城市各行各业，实现城镇化、信息化、工业化的深度融合。随着数字经济的快速发展，建设智慧城市逐步成为推动国家文化繁荣和全民精神富有的一种重要途径。一部分城市基于创新而推进智慧城市建设，如"智慧深圳""智慧南京""智慧佛山"等；多数城市围绕自身发展的战略需要，选择相应的突破点，提出如"数字南昌""健康重庆""生态沈阳"等智慧城市建设目标，推动智慧城市建设和城市既定发展战略目标的统一。[②] 提高智慧城市的建设水平不仅有助于提升城市公共服务的质量，而且可以促进全民精神富有，推动国家文化繁荣。

探索建设智慧城市，出发点和落脚点是满足人民群众的美好生活需

---

① 《习近平书信选集》（第一卷），北京：中央文献出版社，2022，第362页。
② 《全球化背景下的大国治理——中青年改革开放论坛（莫干山会议·2014）优秀文集》，北京：人民出版社，2015，第307页。

要。在探索建设智慧城市的过程中，关注城市居民的精神生活需求，注重人文关怀和公共服务的融合发展，提高城市居民的生活质量和获得感。通过数字技术完善文化设施、开展文化活动，深刻认识和把握数字文化服务的特点和要求，使数字技术和文化建设融合发展，丰富城市居民的精神生活，推动全民共建共享数字文化成果，提升数字文化生活品质。通过推动公共图书馆、博物馆、文化馆等文化设施数字化发展，提供更丰富的文化资源和更优质的文化服务，满足人民群众的文化需求；同时，通过借助虚拟仿真技术开展文化活动、举办线上文化展览等方式，丰富人民群众的精神生活。

探索建设智慧城市，提高公共服务质量，实现城市的可持续发展。深入践行人民城市的理念，利用数字技术解决人民群众的急难愁盼问题，不断探索新的城市治理模式和公共服务方式，创造优美人居环境，打造宜居韧性智慧城市。首先，明确目标，制定科学合理的建设方案和实施路径。利用物联网技术，实现对城市基础设施的智能化管理，提高城市公共服务的效率和质量。详细来说，北京首创应用于城市治理面向公共空间运行的无人驾驶市政巡检网格车，引入大数据、GIS 等技术，打造可视化监管平台，降低人工巡查成本，提升非现场监管效能，服务社会治理。青岛开通无人机航线，加快打造北方无人机产业发展增长极，提升低空数字城市治理能力。其次，利用大数据、人工智能等技术，加强对城市公共安全、公共卫生等方面的管理，提高城市治理的精准度和效率，实现对城市居民的精准服务，提高公共服务的质量和效率。例如，无锡经开区城运中心牵头启动建设城市内涝数字化智能处置系统，努力提升城市排水防涝能力，致力于提高居民生活的舒适性、安全度。最后，利用数字技术优化城市交通、医疗、教育等公共服务领域，注重城市规划、建筑设计等方面的协调发展，实现城市经济效益、社会效益和生态效益的有机统一，加强对城市居民的服务和管理，提高城市居民的生活质量。

智慧城市的建设，不仅是技术进步的体现，更反映出对人类社会全面发展和进步的追求。以探索建设智慧城市为契机，为城市建设注入"智慧"力量，助力管理者科学决策，提高城市管理的精细化水平，"让数字化、网络化、智能化为经济社会发展增添动力"①，提高城市居民生活质量，让人民群众享受到更好的生活体验，坚持为人民谋幸福、为人类谋进步，全力实现精神生活共同富裕美好愿望，共同迈向更加美好的未来。

（二）以政府数字转型提高社会治理协同能力

数字技术不仅创造人民群众生活新空间，还拓展国家治理新领域新方向。2022 年 6 月，国务院印发的《关于加强数字政府建设的指导意见》明确指出，"加强数字政府建设是适应新一轮科技革命和产业变革趋势、引领驱动数字经济发展和数字社会建设、营造良好数字生态、加快数字化发展的必然要求，是建设网络强国、数字中国的基础性和先导性工程，是创新政府治理理念和方式、形成数字治理新格局、推进国家治理体系和治理能力现代化的重要举措"②。当前，政府数字化转型已成为推动实现精神生活共同富裕不可或缺的重要途径。"数字政府建设是实现国家治理体系和治理能力现代化的重要支撑，有利于推进政府治理和社会治理模式创新，从而实现政府决策科学化、社会治理精准化和公共服务高效化。"③ 人民群众对社会治理的需求越来越高，推动政府数字化转型、促进服务发展方式转型刻不容缓。通过政府数字化转型提高政府效能，解决民生服务和社会治理领域的协同难题，满足人民群众诉求，为人民群众带来更好的政务服务体验，提高人民群众满意度和获得感。

推动政府数字转型，提升社会治理质量。政府通过数字化手段加强对公共安全、环境保护、医疗卫生等方面的监管和管理，提高社会治理的效率和质量。随着全国一体化政务平台的建立健全，成功推行超过 1 万多项高频应用的标准化服务，使得众多高频政务服务事项实现"一网通办"和"跨省通办"。这一重要举措有效地解决了市场主体和群众在办事过程中所面临的办事难度大、办事周期长、流程烦琐等问题，进一步提升了政务服务的质量和效率。同时，全国人大代表工作信息化平台正式投入使用，

① 《习近平书信选集》（第一卷），北京：中央文献出版社，2022，第 346 页。
② 《国务院关于加强数字政府建设的指导意见》，中国政府网，2022 年 6 月 6 日，https://www.gov.cn/gongbao/content/2022/content_5699869.htm。
③ 中国行政体制改革研究会组织编写《数字政府建设》，北京：人民出版社，2021，第 234 页。

"数字政协""智慧法院""数字检查"等信息化平台也得到广泛应用,为提升履职效能提供了强有力的技术支撑和保障。

推动政府数字转型,提高社会治理效率。2022年2月,国务院印发《关于加快推进政务服务标准化规范化便利化的指导意见》,明确指出:"持续优化政务服务是便利企业和群众生产经营与办事创业、畅通国民经济循环、加快构建新发展格局的重要支撑,是建设人民满意的服务型政府、推进国家治理体系和治理能力现代化的内在要求。"[①] 从各地的数字政府建设实践看,"爱山东""粤省心""渝快办"等数字政府创新应用不断涌现,以数字技术推动政务服务标准化、便利化,中国数字政府建设正以破竹之势全面创新发展,迅速从模仿者跃升为创新者。数字技术为政府提供更多的数据和信息,帮助政府更好地了解社会需求和问题,从而更好地制定政策和措施。如党的二十大报告起草过程中,中央有关部门专门开展了网络征求意见互动,提升了民众在社会治理中的参与度和积极性。

政府数字转型是推动社会治理协同能力提高的重要手段。积极推进政府数字化转型,创新社会治理模式,推动社会治理的创新发展,回应人民群众多样化诉求,不断提高社会治理的协同性和精细化程度,提升公共治理价值,彰显社会公平和普惠共享。

(三)以培养数字人才引领多元主体参与治理

随着数字化进程的加速,高技能人才在数字产业化和产业数字化中的作用日益凸显。"深化人才发展体制机制改革。实施更加积极、更加开放、更加有效的人才政策,完善人才自主培养机制,加快建设国家高水平人才高地和吸引集聚人才平台。"[②] 数字人才不仅是数字经济发展的先锋力量,还是创新社会治理模式的有力支撑。在推进数字经济发展和中华民族伟大复兴进程中,具备数字素养和专业技能的数字人才的培养与聚集显得尤为重要和迫切。围绕立德树人的根本任务,明确培养数字人才的目标和方向,培养具有创新精神和实践能力的人才,打造高水平数字人才队伍,形

---

① 《国务院关于加快推进政务服务标准化规范化便利化的指导意见》,中国政府网,2022年2月7日,https://www.gov.cn/gongbao/content/2022/content_5679686.htm。

② 《中共中央关于进一步全面深化改革 推进中国式现代化的决定》,北京:人民出版社,2024,第16~17页。

成数字人才集聚效应，引领多元主体更好支撑社会治理发展，为建设美好、安全、可持续发展的社会环境注入强大动能。

不断壮大数字人才队伍，有效增加数字技能人才供给，形成协同共治的社会治理新格局。第一，政府在数字人才培养方面扮演着重要角色。明确数字化人才培养的目标、任务和措施，正确处理支撑国家战略和满足民生需求、培养人才和满足社会需要等重大关系，加强数字化人才的培养和引进工作，推动数字化人才培养工作的顺利开展，吸引更多优秀人才参与社会治理。2024年4月，人力资源社会保障部、中共中央组织部、中央网信办、国家发展改革委、教育部、科技部、工业和信息化部、财政部、国家数据局印发的《加快数字人才培育支撑数字经济发展行动方案（2024—2026年）》提出："优化培养政策。结合数字人才需求，深化数字领域新工科研究与实践，加强高等院校数字领域相关学科专业建设，加大交叉学科人才培养力度。"① 因此，应加快推动数字经济领域数字学科建设和专业设置，为数字人才培养提供优质的教学资源保障，确保数字人才培养的质量达到预期水平。经中央网信办和教育部评议，多所高校相继设立网络安全学院，建立健全网络安全创新人才培养的课程、教材、实训环境体系，鼓励和支持教师学生参与开源生态建设，创新网络安全教育技术产业融合发展模式，创新网络安全人才评价机制，逐步形成适应数字时代的高水平人才培养模式②，为社会治理精细化精准提供合适的新时代数字人才。第二，企业是数字化人才培养的重要参与者和实践者。企业积极参与到数字化人才的培养过程中。采取与政府、其他组织机构等合作以获得投资、技术支持等方式，积极探索建立数字人才培养专项基金，加大数字人才培养培训投入力度，培养一批规模大、素质优、结构好的高质量人才队伍，畅通数字人才在社会、企业、高校之间的流通渠道，有节奏地做好数字化时代社会治理的人才储备工作。第三，高校是数字化人才培养的重要基地。

---

① 《加快数字人才培养支撑数字经济发展行动方案（2024—2026年）》，中国政府网，2024年4月2日，https://www.gov.cn/zhengce/zhengceku/202404/content_6945920.htm。

② 《16所高校入选新一期一流网络安全学院建设示范项目》，中国网络安全和信息化委员会办公室网站，2024年2月4日，https://www.cac.gov.cn/2024-02/04/c_1708281056653069.htm。

应"加快建设高质量教育体系，统筹推进育人方式、办学模式、管理体制、保障机制改革"①。深入实施国家教育数字化战略，深化对数字化人才培养的改革，创新培养模式，推动协同创新和综合应用多种方法进行人才培养。如浙江大学通过课程改革、成立人工智能教育教学研究中心、发布师生数字素养标准等系列举措，形成人工智能体系化人才培养的经验。以科技发展、国家战略需求为牵引，充分利用高校质量和能力，完善高校学科设置调整机制和人才培养模式，把产学研结合起来，加强国家大学科技园的优化重塑，把人才培养、发现问题和建立生态有机结合起来。进一步增强高校科技体制创新、推动成果转化的动力、活力和发展竞争力，让更多科技成果尽快转化为现实生产力，让更多数字人才在创造价值、服务国家治理体系和治理能力现代化过程中发挥更重要的作用。

以多元主体的参与加强数字化治理环境建设，提高多元主体的数字化治理能力，推动多元主体在参与过程中提高自我认同感，不断增强荣誉感和社会归属感，携手共建美好生活。

第二节　数字社会推动精神文化资源共创共享共生

党的二十大首次提出实施国家文化数字化战略，标志着国家文化数字化战略已成为全党共识、全党任务。"中国式现代化是物质文明和精神文明相协调的现代化。必须增强文化自信，发展社会主义先进文化，弘扬革命文化，传承中华优秀传统文化，加快适应信息技术迅猛发展新形势，培育形成规模宏大的优秀文化人才队伍，激发全民族文化创新创造活力。"②文化在本质上是共创共享共生的产物，数字技术的兴起，为这种共创共享共生提供了前所未有的技术支撑，助推了共创潮流的到来。准确把握数字时代的历史机遇，实施国家文化数字化战略，以数字政务助推对口帮扶工程、以数字文化深化公共文化供给、以数字治理加强文化市场供给投入，

---

① 《中共中央关于进一步全面深化改革　推进中国式现代化的决定》，北京：人民出版社，2024，第13页。
② 《中共中央关于进一步全面深化改革　推进中国式现代化的决定》，北京：人民出版社，2024，第32页。

推动精神文化资源共创共享共生。

一 以数字政务助推对口帮扶工程

在推进数字政务流程中，政府通过网络等线上信息化渠道，进行政务查询等服务，方便公众通过数字化信息了解政府机构相关政策的实施情况。2023 年 2 月，中共中央、国务院印发的《数字中国建设整体布局规划》指出要"发展高效协同的数字政务"①，这为我国数字政府建设做出了顶层设计。借助电子政务有效整合资源，逐步实现政务数字化，需通过一体化计算、数据化要素、信息化流程等提升对口帮扶的精准性、高效性和协同性。

（一）一体化计算精准诊断对口帮扶

自 2021 年国务院办公厅建设全国一体化政务服务平台起，一体化服务平台在政务服务、企业管理中的作用愈发重要。2023 年 9 月，国务院办公厅印发《关于依托全国一体化政务服务平台建立政务服务效能提升常态化工作机制的意见》，为实现政务服务从"能办"向"好办"转变提供系统思路和可行举措。中国政府积极推动数字政务一体化平台的建设，为提升政府效能、优化公共服务，实现政府治理的现代化转型提供技术支持。一体化平台建设不仅便利了人民群众的物质生活，更精准对接城乡、区域群众文化需求，构建标准统一、互联互通的公共数字文化服务网络，树立起人民群众享受公共文化服务的标杆。

尽管我国数字文化服务平台建设实践起步落后于发达国家，但适逢信息革命的时代机遇，快速实现了数字资源的规范与整合。随着芯片、云计算、物联网等技术快速发展，新一轮科技变革不断蓄势，一系列基于数据的新兴前沿技术（人工智能、物联网、区块链等）的大规模应用加速了智慧社会的到来。作为社会管理的主体，政府势必要积极应对数字化时代的机遇和挑战。同时，作为政府数字化转型的重要引擎，一体化计算平台面向政府，对相对离散的数据资源、应用资源、云资源、组件资源等数字资

---

① 《中共中央国务院印发〈数字中国建设整体布局规划〉》，《人民日报》2023 年 2 月 28 日，第 1 版。

源进行有机整合，通过数据实时交换、智能数据治理、区块链等技术，可实现数据大体量汇聚、多样性处理、高速度流动、高质量治理、高价值转化。

无论是物质生活还是精神生活，都要补短板强弱项、抓重点促提升。精准对口帮扶要"着力解决好人民群众急难愁盼问题，健全基本公共服务体系，提高公共服务水平，增强均衡性和可及性，扎实推进共同富裕"[①]。其一，利用一体化计算平台聚焦精神领域"扶持谁？谁来扶？怎么扶？"等问题，向公众提供无差别的"一站式"服务。开展网络化的精准评估，利用人工智能和大数据技术构建数据的采集、分析和应用体系，把真正的精神贫困人口弄清楚，把贫困程度、致贫原因搞清楚，以便做到因人施策，实现全局"一屏掌控"。其二，打破自建自用的"孤岛"式数据库建设格局，实现公共文化服务体系业务协同管理，减少烦琐的程序步骤，按照短板地区和弱势人口的具体情况全面提高公共文化服务水平和效率，实现执行"一贯到底"。其三，精准对接群众文化需求，建立特色资源库，融合不同种类的文化，促进基本公共文化服务的标准化、均等化，实现业务"一网通办"。具体来说，补文化短板、强精神弱项，精准是重中之重。找准精神生活共同富裕的路子，扶到根子上、扶到点子上，定能满足人民快速增长的文化需要。一体化计算平台为实现由"大水漫灌"到"精准滴灌"转变提供技术支撑，以民生"小切口"撬动政务服务能力"大提升"，推动公共数字文化向智慧化方向发展，提升服务的可及性、便利性、包容性，让更多人共享文化数字化红利。

（二）数据化要素高效增进民生福祉

进入大数据时代，数据不仅成为重要的生产要素，还成为国家战略中关键的数据资产。政府公共管理工作日益复杂，充分利用大数据的目的是通过进一步挖掘公共数据价值，提升数字化竞争优势和数字化公共文化服务水平。2023年国家数据局正式成立，意味着国家开始从顶层设计层面推动数据要素市场建设完善和发展提速，省级层面的数据管理机构日益增多。以业务数据化为着力点，推动数字政府现代化管理主要体现在以下几

---

① 《习近平著作选读》（第一卷），北京：人民出版社，2023，第38页。

方面。一是集中整合政务数据资源，开展自动化和智能化的数据分析，提升工作效率，建设效能型政府。二是开展业务数据分析，通过创新工作方式推动建设创新型政府。三是推动数据信息在政府部门之间的联通共享和综合应用，实行以政府为主导、社会以及政府各部门共同参与的"立体多维"智慧治理，建设协同型政府。"大数据成为提升政府治理能力的新途径"①，作为国家行政现代化管理形式，数字政府充分运用新一代信息技术，拓展文化领域数据开发利用场景，强化文化大数据在政府治理、公共服务等方面的应用，提升态势研判、科学决策、精准管理水平。

经济基础决定上层建筑，上层建筑反作用于经济基础。虽说"数据要素正成为劳动力、资本、土地、技术、管理之外最先进、最活跃的新生产要素"②，但是，在数字技术与实体经济深度融合的数字经济时代下，只有构建适应数字经济发展规律的数字政府，才能安全高效地提升数字经济的治理水平，进而规范和引导数字经济的健康持续发展。小到一个企业的生产，大到整个国家的经济运行，都需要政府"看得见的手"与市场"看不见的手"形成合力以实现长远发展。《"十四五"数字经济发展规划》强调数据要素是数字经济深化发展的核心引擎，到2025年数据要素市场体系初步建立，数据作为新生产要素，正在创造越来越多的价值。随着数字生产力的发展，生活方式随之发生变化，进而引发思维方式的转变、精神生活的创新，使经济生产与文化生活良性循环、螺旋上升，推动文化产业与数字经济的深度融合，实现社会效益和经济效益的统一，推动物质文明与精神文明相协调。

随着各地数据治理持续演进，政务数据治理需要解决旧难题，还要面临新趋势的挑战，政府要实现数据的融合碰撞和共享流通才能推动文化数据全面汇聚。首先，规模化流通是数据成为数据要素的内在要求。通过数据共享、数据开放、数据交易等主流途径，实现自主有序的规模化流通，即跨系统、跨地域、跨领域、跨主体甚至跨主权流通。但在数据使用过程

---

① 《促进大数据发展行动纲要》，北京：人民出版社，2015，第4页。
② 王建冬：《完善数据资产新蓝图 释放数据要素新价值》，中华人民共和国国家发展和改革委员会网站，2022年12月20日，https://www.ndrc.gov.cn/xxgk/jd/jd/202212/t20221219_1343661_ext.html。

中，要警惕可控流通问题，做到合规、可授权和可控制。其次，数据安全是数据要素化的前提。当我们获得数据后，需要解决数据存储的隐私安全问题。部分公共数据囊括大量反映民众个人信息的字段，存在被不法分子利用从而危害民众个人安全的可能性。因此，在淡化数据所有权、加强数据流通、使数据价值最大化的同时，需要支持开展数据流通安全相关技术研发和服务，促进不同场景下数据要素安全可信流通。最后，要注重数据价值而非数据本身的共享。以数字技术为基础的数据共享，能够全方位提升政府的数字化治理能力，让公共数据的作用发挥于整个社会发展的大环境下，摆脱以往拘泥于一体化政务服务的局限，更好地释放数据价值，便捷地为人民服务。

（三）信息化流程协同凝聚脱贫合力

业务流程信息化这一概念最早由迈克尔·哈默针对企业经营管理提出，他将其定义为用信息化的工具，来协助实现一系列活动的推进、流转、辅助、管理。我国在现代化政务管理进程中借鉴其理念，"加快信息化服务普及，缩小数字鸿沟，在互联网发展中保障和改善民生"[①]，将政务流程和数据信息结合起来，通过技术手段来实现自动化和数字化管理。

信息化与数字化既相互区别又相互依存。一方面，信息化与数字化相互区别。信息化等同于"业务数据化"，是让业务流程能被数据记录下来，核心和本质是运用计算机、数据库等信息技术，实现业务流程数据管理，典型工具是信息化系统。而数字化等同于"数据业务化"，即用已累积的业务数据去反哺优化业务流程，通过数据在政务管理中发现问题、组合业务，核心和本质是运用大数据、云计算等数字技术，实现业务创新，典型的工具是数据化系统。总而言之，信息化解决的是效率问题，而数字化则为业务提供价值导向，也就是通常说的给业务赋能。另一方面，信息化与数字化相互依存的内在逻辑在于：信息化是数字化的基础，数字化是信息化循序渐进的过程。即数字化必定包含信息化且不能否定信息化，信息化向数字化转型时一定要返回到业务本身，数字化与信息化彼此关联、相互驱动。

---

① 《习近平向 2023 年世界互联网大会乌镇峰会开幕式发表视频致辞》，《人民日报》2023 年 11 月 9 日，第 1 版。

二 以数字文化深化公共文化供给

为实现中华文化全景呈现，国家文化数字化战略聚焦供给侧，借助现代数字科技成果，盘活并萃取中华文化资源，增强全民族文化自信心，激发全民族的文化自豪感。"坚持把社会效益放在首位、实现社会效益和经济效益相统一，深化文化体制改革，完善文化产业规划和政策，不断扩大优质文化产品供给"①，通过深化数字内容供给、云端服务供给、智能管理供给，为传承中华优秀传统文化、厚植千年文化底蕴、对接精准文化需求打通各级公共文化平台，打造一站式供给链条，并将其转化为全面建成社会主义现代化强国的强大精神动力。

(一) 深化数字内容供给以传承中华优秀传统文化

数字化是传承中华优秀传统文化的重要发展方向，数字文化供给水平是衡量国家文化发展水平以及人民精神生活幸福程度的重要指标。只有实现文化内容供给从"全覆盖"到"全提质"的飞跃，不断满足基层群众多元化、个性化、高品质公共文化服务需要，才能在建设社会主义文化强国的道路上步履不停。信息化发展越迅速，数字文化产品质量参差不齐的现象越值得关注，如何缓解人民群众日益高涨的优质数字文化产品需求与优质数字文化内容供给不足之间的矛盾，考验着优质数字文化产品供给者的能力。

增加高质量数字文化供给，需要坚持"政治导向"原则。"要坚持中国特色社会主义文化发展道路，推动中华优秀传统文化创造性转化、创新性发展，继承革命文化，发展社会主义先进文化，激发全民族文化创新创造活力，建设社会主义文化强国。"② 一方面，要完善合理规范。通过制定完善的数字文化内容指导方针，在文化生产和消费领域因事制宜，制定明确的行为规范，坚决贯彻对大数据"杀熟"、制定霸王条款等违规行为的惩罚机制。另一方面，深化社会主义教育，在寓教于乐中普及更多契合社会主义核心价值观的数字文化内容，确保在人民群众中传播"正能量"的

---

① 《习近平谈治国理政》(第四卷)，北京：外文出版社，2022，第311页。
② 《习近平著作选读》(第二卷)，北京：人民出版社，2023，第194页。

精度和深度。总之，以数字化推动公共文化提质增效不是一蹴而就的，想要取得进步更要乘胜追击，通过供给的提升、表达的创新、意识的进步，使中华优秀传统文化更好地服务广大群众，推动文化传承，更好地回应人民群众饱满的文化热情。

增加高质量数字文化供给，需要秉持"内容为王"理念。"随着数字化时代的到来，传统的公共文化服务供给已经难以满足人民群众多元化、个性化和层次化的精神文化需求，亟须通过数字化信息技术与平台促进公共文化服务供给侧的结构性改革，把提高供给服务质量和效益作为主攻方向，以实现精准化供给为目标，以数字化促进公共文化服务供需的高效对接，保障公民的基本文化权益，让人民过上更加美好的生活。"[1] 进一步充实高质量数字文化产品和服务，可以借助数字经济发展的跳板，运用现代化信息技术对中华优秀传统文化相关产品的制造进行全流程改造升级，以数字技术带来的新形式盘活丰富文化资源，打造全新的数字文化产品和服务，使人民群众在数字化公共文化服务中传承和弘扬其蕴含的人文精神、道德理念，赓续中华文脉、振奋民族精神。

（二）深化云端服务供给以厚植千年文化底蕴

中华文明上下五千年，文化底蕴深厚、文化资源丰富。数字经济背景下，公共文化服务的供给已经不能满足人民群众日益多元化、个性化和层次化的精神文化需求，亟须通过云端服务平台，以提高供给服务质量和效益作为主攻方向，提升人类精神成就的广度和深度，满足人民对美好文化生活的期待。

厚植底蕴，让优秀传统文化"活"起来。作为公共文化服务体系建设的主要任务，"公共文化服务数字化建设"[2] 在各省份得到推进。在"十四五"背景下，覆盖上海 200 余街镇的"信息苑"通过打造系列应用场景，构建一站式公共文化服务空间，以更好满足个性化、互动性、趣味性的多元需求；广东省惠州市文化馆利用数字技术手段，打造了高黏性的文化社

---

① 姜雯昱、曹俊文：《以数字化促进公共文化服务精准化供给：实践、困境与对策》，《求实》2018 年第 6 期。
② 《关于加快构建现代公共文化服务体系的意见》，北京：人民出版社，2015，第 15 页。

群，依托"文惠圈"小程序，让高黏性的文化社群真正"活"起来；苏州市文广旅局推出"文化巴士 CITY TOUR"，充分利用数字技术进行创新探索，实现了公共文化服务数字化、模块化精准管理。在此过程中，打造数字化空间、提升公共文化服务数字化水平并不是单靠技术、算法，更依赖于整体运营服务效率的提升。在此类规划中，各省市并非打造"全国统一模式"，为数字化而数字化，而是注重问题导向，融入各区域地方特色、群众特点，从中发现需求点、突破点，更好地感受文化氛围、传承文化精神。

构筑阵地，让优秀传统文化"动"起来。数字化云端服务立足公共文化设施建设和服务管理平台建设，提供公共文化服务与科学技术相融合的服务供给。"推动优秀传统文化活起来、传下去"[1]，不仅需要围绕人民群众喜闻乐见的门类，打造沉浸式多样化的文化服务形式，突出服务趣味性，还要开设红色教育、旅游英语、历史文化、非遗网络等专题栏目，打造群众身边的知识"加油站"。云端公共服务纵然供给对象范围更广，但与线下公共文化服务相比缺少一定的精准性。因此，只有线上线下服务相结合，才能够最大限度地弥补单一服务模式的不足，满足不同群体日益增长的文化需求。

（三）深化智能管理供给以精准对接文化需求

文化产品由其自身特性不断吸收各个时代、各个地方文化特色，最终形成独特文化价值，因此，数字文化服务要做到精准对接。一方面，数字文化服务水平的提升离不开与我国国情相适应的文化治理机制，以及以政府为主导、社会各方共同参与的智能管理，只有围绕我国宏观文化环境、微观文化事业，有针对性地创新文化管理体制，实施数字文化治理，才能推动数字文化服务的高质量发展。另一方面，在信息化环境下，传统管理流程日益暴露出环节繁多且僵化、管理分散且控制乏力、脱离实际需要、一体化发展不足等劣势。这一现实彰显了深化数字文化管理供给的必要性。

---

[1] 首都精神文明建设委员会办公室编《平凡中的力量：北京榜样主题活动五周年人物风采录》（2018），北京：人民出版社，2019，第 2 页。

深化文化智能管理供给，是实现数字文化可持续发展的重要选择。值得注意的是，传统文化管理中，政府包办易造成垄断文化市场和产品的问题。所有者、管理者、建设者的多重身份使政府自身定位不清，基于此，要通过智能管理变革服务方式，改变单一的政府管理形态，打造全方位立体服务网络，使得文化发展与经济社会发展相协调。此外，数字文化具有外向的特征，面对文化竞争和入侵，数字文化治理与国家政治、社会发展密切相关。"健全网络综合治理体系。深化网络管理体制改革，整合网络内容建设和管理职能，推进新闻宣传和网络舆论一体化管理。完善生成式人工智能发展和管理机制。加强网络空间法治建设，健全网络生态治理长效机制，健全未成年人网络保护工作体系。"① 以发挥好党中央部署协调作用为前提，通过健全网络综合治理体系，完善文化智能管理供给规则，把控好网上文化信息源头，有力推动网络文化生态持续向好。加强数字化智能管理，使得社会与个体力量相协同，应对文化竞争，讲好中国故事、传播中国经验、发出中国声音，增强国家文化软实力。更为重要的是，文化治理评价是文化管理中的重要一环。网络具有匿名性、自由性等特点，使得公众民意在数字环境下易出现无序化的特点，根据沉默螺旋效应，公众为避免被孤立，会倾向于支持意见相似者，这就易造成极端观点、虚假民意的出现。加强数字文化管理，增强民众对社会主义核心价值观的认同，能有效制约基于数字民意的不理性行为，使民众有序参与数字文化市场供给。

智能管理促使管理水平实现质的飞跃，必须坚持长期建设、全力延缓衰退期出现，坚持一体化发展的原则。首先，保障公民的数字文化权利。信息化时代对公众获得文化权利的途径和方式提出了新的要求，新时代智能政府数字文化管理更要保护公民数字文化权利不受侵犯。其次，营造数字文化良好发展环境。数字文化服务水平的提升离不开与中国国情相适应的数字文化治理机制，要加大文化市场综合行政执法力度，确保文化产业在法治轨道上运行。最后，保护数字文化安全。"一个政权的瓦解往往是

---

① 《中共中央关于进一步全面深化改革　推进中国式现代化的决定》，北京：人民出版社，2024，第 34 页。

从思想领域开始的，政治动荡、政权更迭可能在一夜之间发生，但思想演化是个长期过程。思想防线被攻破了，其他防线就很难守住。"① 基于数字文化的跨时空性和共享性促进文化的交流和碰撞，加强智能管理，既是维护国家意识形态安全、增强社会文化认同的基础，也是避免历史虚无主义对传统文化的曲解、传承文明精髓和民族品格的有效手段。保护数字文化安全，最为重要的是增强数字文化安全意识，以满足人民群众精神文化需求为着力点增强文化阵地意识、发挥主流媒体的主阵地作用，在推进"两个结合"的历史进程中巩固文化主体性，提升文化主体意识，筑牢抵御各种腐朽思想文化的侵蚀防线，增强文化忧患意识。只有这样，才能增进国际社会对当代中国价值观念的认同，为人民群众营造良好的数字文化发展环境。

三 以数字治理加强市场供给投入

数字文化治理是国家治理体系的重要组成部分，也是国家治理能力的一个重要体现。习近平总书记指出，"党的十八大以来，我们把文化建设摆在治国理政的突出位置，不断深化对文化建设的规律性认识"②。数字技术变革、数字经济发展以及数字社会建设等为文化治理的创新发展注入新内涵，也为提升文化治理在国家治理体系中的地位、发挥文化治理在健全现代文化产业体系中的功能和作用创造了机遇。以数字化公众参与加大投入力度、以智慧化市场洞察创新投入方式、以数据化产业布局完善投入结构，使人民精神文化生活越来越丰富多彩。

（一）以数字化公众参与加大投入力度

人民群众不仅是社会物质财富的创造者，还是社会精神财富的创造者。"人民群众是先进生产力和先进文化的创造主体，也是实现自身利益的根本力量。"③ 在作为公共文化数字治理成果享受者的同时，人民也可以成为数字文化服务的"分享者"、"参与者"甚至"生产者"。公共文化服

---

① 《习近平关于社会主义文化建设论述摘编》，北京：中央文献出版社，2017，第21页。
② 《更好担负起新的文化使命 为强国建设民族复兴注入强大精神力量》，《人民日报》2023年6月8日，第1版。
③ 《江泽民文选》（第三卷），北京：人民出版社，2006，第281页。

务的落脚点是群众，建设数字文化市场最重要的就是引入社会力量、加大投入力度。

在文化市场的供给中，政府与公众两方面力量相辅相成。对于政府而言，要在市场供给中发挥主导作用；对于公众而言，要建立与政府之间的沟通平台，将文化市场相关制度的不合理之处，及时反馈到政府层面，实现文化市场建设的多元参与、民主监督、共建共享。公众积极参与对协同发挥两者力量的作用表现在：一方面，公众参与最大限度地发挥社会各方面的积极性，激发全社会文化创造活力，提高公共文化服务效能和品质，促进社会主义文化事业发展，有效满足人民群众精神文化需求；另一方面，政府腾出手来将工作重点放在项目监管和规划标准制定上，更好履行保障人民群众合法权益的职责，推动形成政府主导、社会参与、多元投入的多层次、多方式的公共文化服务体系。同时发挥政府主导作用与公众主体作用，共同优化数字文化市场供给，帮助公众在投入供给的同时做需求的创造者，进而享受到更丰富、更合口味的公共文化服务。

人民群众对精神财富的创造不仅表现在人民群众的社会实践是一切精神产品的源泉上，还表现在他们直接创造出无数优秀的精神产品上。随着行业发展以及5G时代的来临，数字化技术为公众参与文化供给和加大市场投入力度发挥切实作用。例如，现代化文化企业开发线上线下文化产品，凭借事实和数据知晓市场满意度，满足千万人口公共文化需求；又如，不以营利为目的的公益性文化产品的生产极大提升公共文化产品供给数量和质量；再如，社会力量投资建设民办博物馆、线上文化活动广场等网络文化基础设施，补齐公共文化设施短板。作为政府公共文化产品供给的有力补充，形式多样的公共参与立体覆盖文化供给的各层面，以热情高涨的社会力量使得数字化产品供给更加丰富多彩。

尽管数字化公众参与的重要性不言而喻，但是在实际参与中存在产权保护、操作困难、区域特征明显等问题。针对数字化公众参与过程中存在的痛点，需提供值得探索的新路径。其一，供给主体是供给活动最活跃的要素，要优选供给主体，壮大培育经营主体，重视基层文化队伍建设和供给主体整体素质的提高，必要时进行知识培训，统一指导、规范管理，在提高他们优化数字文化产品意识的同时增强其服务社会的本领。其二，供给平台是供给活动的重要载体，要搭建对接平台，使得线上参与具有更加广泛的群众基础，"实施国家文化数字化战略，健全现代公共文化服务体系，创新实施文化惠民工程"①。人民参与数字化文化活动既满足个人文化需求，也推动社会主义文化强国建设。

（二）以智慧化市场洞察创新投入方式

在数字化时代中，市场千变万化，洞察市场是取得成功的关键。而市场变化往往伴随着新兴市场和新消费者群体的崛起，只有时刻关注市场的动向和趋势，观察竞争对手，进军新区域、开拓新产品，了解消费者需求、行为和爱好，抓住机遇、调整战略，才能优化资源分配，提供人民大众喜闻乐见的文化产品，满足人民群众不断出现的新的精神追求。

智慧化市场洞察过程是指通过收集、整理、分析和解释与市场相关的信息，了解市场的现状、趋势、机会和挑战，从而为文化产业活动的战略决策提供依据和建议的活动。在执行市场洞察过程中，一是要保证人民群众文化需求调研数据和信息的质量，确保其真实性、有效性、可靠性和代表性。二是要尽可能把文化需求信息转化为可度量、可比较、可计算的数字或指标，保证数据和信息的量化。三是要运用适当的统计方法、图表方法、模型方法等对数据和信息及时进行归纳、概括，并在此基础上做出推断和预测，合理预测文化市场的走向和趋势。持续的产品升级和创新，能够提高投入回报率，持续为人民群众提供多元丰富的精神滋养。

创新投入方式，重中之重是进一步创新财政投入方式。通过探索多元化的文化投入模式、健全多元投入体系，更好地带动社会资本投入文化事业和文化产业，加快建立健全符合社会主义文化发展内在规律的投入机制。就供给而言，一方面，"要推进城乡公共文化服务体系一体建设，优化城乡文化资源配置，完善农村文化基础设施网络，增加农村公共文化服务总量供给，缩小城乡公共文化服务差距"②，移动互联网时代公共文化数字投入突破了时空的局限，无论是投入的覆盖半径还是供给效率，都随着

① 《习近平著作选读》（第一卷），北京：人民出版社，2023，第 37 页。
② 《全面推进教育文化卫生体育事业发展 不断增强人民群众获得感幸福感安全感》，《人民日报》2020 年 9 月 23 日，第 1 版。

互联网的特性无限提升；另一方面，原有公共文化供给从单向的"供给—接受"模式转变为精准化供给、互动式供给，公众主体性地位愈加彰显，需求导向成为移动互联网时代公共文化数字服务供给的底层逻辑。同时，要继续发挥文化产业发展专项资金作用，引导金融资本和其他社会资本投入，推动建立文化产业投融资平台，培育文化产业战略投资者。

（三）以数据化产业布局完善投入结构

数字化时代文化产业的发展不可避免地面临着新的突出矛盾和主要问题，2022年印发的《关于推进实施国家文化数字化战略的意见》把加快文化产业数字化布局作为一项重点任务。① 那么，如何在中国特色社会主义进入新时代和世界性科技革命的双重背景下完善数字文化的投入结构呢？在文化产业链条中，应借助数据融合平台实时管理数据流转，保证文化产品高效配置；打造贯穿整个数据链路的可观测性平台，保障文化市场有效供给；以丰富的数据应用模式有效提升文化投入质量。在数据化的产业布局中，通过加强多方角色协同，使文化产品从生产端到消费端的各个环节成为一个有机整体。"衡量文化产业发展质量和水平，最重要的不是看经济效益，而是看能不能提供更多既能满足人民文化需求、又能增强人民精神力量的文化产品。要坚持把社会效益放在首位、社会效益和经济效益相统一"②，实现文化产业合理化和高质量发展，通过市场驱动和政府推动的有机结合，既解决文化产业发展的"供给侧"问题，也注重其中的"结构性"问题，使数字文化产业的短期发展与长期发展有效结合。总之，以供给侧结构性改革为突破口，以数据化产业布局为依托，调整文化产业供给结构，有效解决供需错配的主要矛盾，促使文化产品向西部、向基层、向群众文化倾斜，是文化产业得以长期、可持续发展的重要条件。

完善投入结构，优化产业供给，最重要的是从数字文化产业的源头入手，做好市场出清。首先，警惕封建落后文化、西方殖民主义文化和以媚

---

① 《中共中央办公厅 国务院办公厅印发〈关于推进实施国家文化数字化战略的意见〉》，中国政府网，2022年5月22日，https://www.gov.cn/zhengce/2022-05/22/content_5691759.htm。

② 习近平：《在教育文化卫生体育领域专家代表座谈会上的讲话》，北京：人民出版社，2020，第7页。

态迎合观众的低俗娱乐文化，利用大数据掌握负面清单，为公共文化市场划出清晰的"红线"和"底线"，从本质上杜绝低俗供给。其次，在文化与科技横纵联合基础上，提升产业融合度以延长数字文化产业链，化解中低端生产过剩、文化产品积压问题。增加高质量、高科技文化产品生产，以新增优势文化产品挤出过剩供给，促进数字文化资源合理流动。再次，加强文化资源合理开发运用，运用科技和创意手段传承保护优秀文化资源以盘活呆滞供给。在扩大国内有效供给的同时也要注重提高国际供给水平，以"一带一路"为依托，以"讲好中国故事"为契机，以数据化布局为动力，秉承合作开放理念，增加面向全球的数字文化资源供给。最后，为数字文化产业的子产业制定发展规划，从文旅合作、文化产品、文化服务等角度明确子产业的发展方向、发展愿景和发展路径。无论是应对全球知识更新和产业变革的长期宏观举措，还是系统调整和优化数字文化市场的微观举措，都要以动态的数据化监测、灵活的数据化布局完善投入结构。总之，要借助数字化手段，从供给侧发力加强文化市场治理，提升文化治理效能和人民群众的文化获得感、幸福感，为实现全体人民精神生活共同富裕提供强劲的动力。

第三节　数字生活助力全面提升广大人民精神素养

依托互联网和数字技术打造的数字生活方式，不仅给人们带来更好生活体验和工作上的便利，而且顺应了提升国民素质、促进人的全面发展的潮流。习近平总书记强调："推动互联网、大数据、人工智能和实体经济深度融合，建设数字中国、智慧社会。"[①] 要以创新数字应用场景挖掘精神价值，以优化数字发展环境提升生活水平，以搭建数字传播矩阵塑造集体人格，正确把握数字技术与美好社会生活的内在联系，这是促进精神生活共同富裕的重要举措。

一　以创新数字应用场景挖掘精神价值

精神价值与人内在精神世界中的价值观念和信仰紧密相关，它超越物

---

① 《习近平著作选读》（第二卷），北京：人民出版社，2023，第535页。

质层面，体现人们对于生命的意义的追求，以及对真、善、美的重视。数字应用场景在信息化时代扮演着越来越重要的角色。国家"十四五"规划提出"充分发挥海量数据和丰富应用场景优势，促进数字技术与实体经济深度融合，赋能传统产业转型升级，催生新产业新业态新模式，壮大经济发展新引擎"[①]。在推动精神生活高质量发展的新阶段，要充分发挥海量数据和丰富应用场景优势，要在构建虚拟现实情境中获得精神体验，在盘活数字文化空间中挖掘内在价值，在拓展网络文化交流中升华精神追求。

（一）在构建虚拟现实情境中获得精神体验

"虚拟情境"这个名词是在 21 世纪科技革命不断冲击下逐步形成的，它是指借助增强现实、虚拟现实等特定技术手段，营造一种完全虚拟的信息场景或环境，进行有目的的、身临其境的交互体验。这种模拟不仅是以技术形式对真实世界的模拟，更是对人脑想象情境的计算机模拟再现，比如营造诗词歌赋中的意境或模拟真实的地震体验等。虚拟现实情境具有沉浸性、交互性、及时性和多感知性等特点。通过创造虚拟环境，人们真正融入其中，心无旁骛地感受虚拟现实情境，体现了其沉浸性；即使在虚拟环境中，体验者也如同在现实世界中一样与虚拟环境中的事物发生关系，并得到来自环境的反馈，体现了其交互性；体验者视线的调整、对环境的请求都快速得到响应，场景的变化和交互的时延与现实世界基本一致，体现了其及时性；虚拟现实情境中的体验者不仅具有视觉、听觉、味觉等逼真的感官体验，也具有触觉等方面的感知能力，体现其多感知性。在当今数字化时代，虚拟现实情境逐渐成为人们生活的一部分，给人们带来了许多全新的精神体验和可能。

虚拟现实情境提供多维度价值体验。虚拟情境作为一种全新的先进技术，让人们能够突破时空的限制，进入一个完全不同的世界中。在感官体验维度，借助情境体验的设计，人们用五官综合感知外部信息，例如，文化遗产旅游推介中视觉、听觉、触觉的体验，增强其活动的趣味性和丰富性，为人们提供超越时空的旅游体验。在互动体验维度，体验者的感官体

[①] 《中华人民共和国国民经济和社会发展第十四个五年规划和 2035 年远景目标纲要》，北京：人民出版社，2021，第 46 页。

验进一步放大化、独特化、真实化，信息在感官通道中得到加工处理，与体验者产生情感交互，让主体可以身临其境地参观名胜古迹，甚至可以感受到高空坠落或潜入深海的刺激等。"虚拟情境的出现给人类提供了观察现实社会的全新视角，那就是可以在现实情境之外再造现实或创造现实，从而摆脱现实情境中的多重限制和制约条件。"① 这就满足了人们探索未知世界的好奇心，提供了全新的娱乐方式，使人们在虚拟的世界中得到身心的放松和享受。

虚拟现实情境改变人们的生活方式和思维方式。虽然我国虚拟现实技术起步较晚，但随着物联网、人工智能等技术的出现和政府的大力推动，虚拟现实技术在教育、医疗、商业等领域的相关研究和应用呈现高速发展的趋势。在教育领域，虚拟情境可以在学生积极参与活动时，提供更加直观、互动性更强的学习体验，帮助他们更好地理解和掌握知识，寓教于乐，以达到教书育人的目的。在医疗领域，虚拟情境可以用于模拟疾病、训练医生和治疗患者，从而使医疗行业变得更加高效、安全和人性化。此外，虚拟情境技术的发展还带来了许多商机，该技术被用于设计和模拟产品，帮助企业降低成本、提高效率。总的来说，虚拟现实情境的构建为沉浸式情感体验提供广阔可能性，也在丰富多样的情感体验中唤醒文化基因。

（二）在盘活数字文化空间中挖掘内在价值

目前大多数观点认为"文化空间"概念来自法国学者列斐伏尔的《空间的生产》一书。列斐伏尔所描述的文化空间是"通过人类主体的有意识的活动而产生"② 的。可见，国外学者将文化空间看作习得并传承文化的框架。在国内，文化空间在传统上被理解为与特定的历史场景和文化传统密切相关，并具有文化影响力的物理空间。而现代社会的文化空间多指人民群众在特定区域内所呈现出的文化现象、文化需求及文化表达方式。这既体现了空间的公共性，又突出了其文化性，这样的文化空间兼具文化建设与价值生成的双重功能。数字时代的本质之一，是人、信息、媒介与社

---

① 陈联俊：《网络社会国家凝聚力的变化与建设研究》，北京：人民出版社，2019，第92页。
② 〔法〕亨利·列斐伏尔：《空间的生产》，刘怀玉等译，北京：商务印书馆，2021，第8页。

会的脱域融合。文化空间也不例外。在数字信息化的 21 世纪，借助高新前沿技术来传承发展优秀文化成为一种新潮流，风头正盛的数字技术也为盘活文化空间带来机遇。

以数字技术盘活中华优秀传统文化空间，改善当代中华儿女的精神状态。"在历史长河中，中华民族形成了伟大民族精神和优秀传统文化，这是中华民族生生不息、长盛不衰的文化基因，也是实现中华民族伟大复兴的精神力量，要结合新的实际发扬光大。"[①] 中华文化是宝贵的精神财富，延续着我们国家和民族的精神血脉。博物馆里收藏的文物、神州大地上陈列的遗产、古籍里书写的文字……它们都不断滋养着作为民族精神根脉的优秀文化基因。那么，如何让"沉睡"的优秀传统文化借助数字技术保持文化"活态"，在让其内容薪火相传、代代延续的同时也使其形式与时俱进、推陈出新呢？为顺应时代潮流和群众需求，唐山创新"实景演艺+光影水舞秀"数字化体验新空间；昆山《浣纱记》演出在全国率先实现舞台艺术户外 5G 全息直播；北京联合腾讯 SSV 数字文化实验室，打造北京中轴线申遗的首个数字 IP 形象——"数字雨燕"……它们将 5G、全息投影等丰富多样的现代科技元素与中华优秀传统文化相融合，把碎片化、特色化、非均衡式分布的文化融入网络空间，为传统文化插上"活化"之翼，在实现中国梦的新征程上，树立起当代中华儿女高度的文化自信，提振中华儿女新时代拼搏奋进的精气神，滋养其心灵，增强中华文化感召力和向心力。

以数字技术盘活社会主义先进文化空间，增强人民群众的情感认同。"丰富人民精神世界"是中国式现代化的本质要求，也是文化现代化的基本使命。从历史而来，向历史出发，社会主义先进文化彰显了中国人民崇高的精神特质和深层的精神追求，是中国共产党带领中华儿女勠力同心实现中华民族伟大复兴的丰厚滋养。实施文化数字化战略是新时代彰显中国特色社会主义文化人民性的客观需要。运用信息革命技术盘活数字文化空间，促进文化事业和产业发展、丰富文化场域和市场，进一步提升人民群

---

① 习近平：《建设中国特色中国风格中国气派的考古学 更好认识源远流长博大精深的中华文明》，《求是》2020 年第 23 期。

众的参与感、获得感，使人民大众可以更加便捷、更为充分地享受文化生活，让社会主义先进文化中的价值观念影响人民的思想和行动。

（三）在拓展网络语言交流中升华精神追求

数字化时代，新型信息技术的发展推进了人民精神生活共同富裕进程。相对于物质生活共同富裕，精神生活共同富裕是更高层次的追求，借助新技术开展的语言文化交流，能打破场域限制，塑造数字赋能文化的新范式，满足人民群众对于精神产品、精神享受、精神追求的期待。

习近平总书记指出："网络文明是新形势下社会文明的重要内容，是建设网络强国的重要领域。"① 网络语言以无可比拟的优越性映射社会的变化和发展。网络语言有广义和狭义之分，广义上指人与人之间借助互联网工具联系、交流时的文字表达；狭义上指为了提高网上聊天的效率或诙谐、逗乐等特定需要而采取的表达方式，久而久之形成渗入现实生活中的特定语言。这里探讨的主题建立在广义的网络语言概念上，围绕人际交流展开，与当代人的精神追求紧密相关。网络的兴起拓展了传统交往场域和形式，其互动性、多主体性和创造性特征，推动着网络语言的兴起。进入21世纪，随着互联网技术的革新，互联网以其简洁生动的形式建立起一对一、一对多、多对一、多对多的丰富社交模式，网络语言也日益成为人们生活中必不可少的一部分。有别于传统平面媒介的语言形式，网络语言交流打破时空限制，使同步交流和异步交流均成为可能，让地方空间让位于流动空间，缩短了交际主体间的距离，体现了其开放性和包容性。网络提供的不同于现实人文环境的自由对话空间，使不同文化背景下的人可以摆脱自身文化的束缚，实现文化的融合，体现交流的跨文化性，更潜移默化地塑造着人民群众的价值观念。

在网络语言交流中挖掘精神世界是强化自我探究的重要一环。"与现实环境相比，虚拟环境的匿名性使得个体容易产生去个性化状态，此时化身线索容易影响个体的自我意识，由之提高了自我知觉过程的可能性，使

---

① 《习近平谈治国理政》（第四卷），北京：外文出版社，2022，第319页。

得虚拟环境中普罗透斯效应更容易发生。"① 因此，更要建设风清气正、天朗气清的网络空间。坚持以习近平新时代中国特色社会主义思想为指导，正确认识新时代网络传播规律，"共同推进文明办网、文明用网、文明上网"②。开放包容的数字文化交流场域为实现人自由而全面的发展提供技术支持，应以时代新风塑造和净化网络空间，将其建设成为能带来民族认同、政治关怀、情感共鸣的美好精神家园。

二　以优化数字发展环境提升生活水平

数字技术创造未来智慧生活。优化数字发展环境，人民群众在共享数字发展成果上将有更强的获得感。习近平总书记提出："深入交流，集思广益，共同推动大数据产业创新发展，共创智慧生活，造福世界各国人民，共同推动构建人类命运共同体。"③ 利用数字化指标衡量国民生活环境，提升数字化综合发展水平，需在智慧化提升生活质量、高效化改进人际关系、层次化满足精神需求中促进物的全面丰富和人的全面发展。

（一）智慧化提升生活质量是共享时代成果的重要举措

在中国共产党领导下，中华民族开启向第二个百年奋斗目标迈进的新征程。"坚持以人民为中心的发展思想，坚持发展为了人民、发展依靠人民、发展成果由人民共享，才会有正确的发展观、现代化观。"④ 这就要求在现代化进程中缩小居民收入差距，在高质量发展中保障发展成果由人民共享，实现人民对美好生活的向往，让人民群众拥有更强获得感、幸福感、安全感。

数字技术为智慧生活的快速发展带来了前所未有的机遇。在数字化快速发展的当今时代，人工智能逐渐从想象变为现实，不断打破现实世界与虚拟世界的边界，满足人民群众日益增长的美好生活需要。如智能交通系统将人、车、道路的信息相互连接，抬头显示（AR-HUD）将导航、路

---

① 卞玉龙等：《虚拟现实社交环境中的普罗透斯效应：情境、羞怯的影响》，《心理学报》2015 年第 3 期。

② 《习近平谈治国理政》（第四卷），北京：外文出版社，2022，第 319 页。

③ 《习近平书信选集》（第一卷），北京：中央文献出版社，2022，第 172～173 页。

④ 《习近平著作选读》（第二卷），北京：人民出版社，2023，第 407 页。

况、车况等关键行车信息利用增强现实技术投影至前挡风玻璃，驾驶员无须低头查看显示屏，提升了行车的安全性与便捷性，既缓解交通拥堵，又使得出行更安全、方便。又如，智慧城市与传统城市相比能源消耗和碳排放量持续降低，智能化环境监测和治理使改善空气、水源质量的措施更加精准有效，对推动可持续发展起着重要的作用。再如，智慧化生产赋能可视化空间，辅助提出生产操作意见，提高了生产效率。可见，数字技术逐渐渗透到人们生活的方方面面，推动着群众生活质量的提升和可持续发展的实现。

数字化时代的到来在为我们生活带来便利的同时，也带来了挑战。一方面，物联网时代设备信息互联互通，易带来过度收集个人信息、擅自披露个人信息的风险。因此，要规范数据共享行为，增强网络设备和系统的安全性。另一方面，智能互联提高了沟通效率，但也可能带来人与人之间的疏离和沟通不畅。因此，需要处理好科技与人文的关系，设计人性化的智能设备和系统，关注群众的心理需求，营造温暖生活环境。

从数字化到智能化再到智慧化的发展，我国在全民共享、全面共享、共建共享和渐进共享的过程中为人民构建出能感知、会思考、可进化、有温度的生活环境，更精准高效地满足群众日益增长的物质文化需求，推动物质文明与精神文明协调发展。

（二）高效化改进人际关系是创造美好生活的内在动力

社交网络席卷全球，在这样一个朝着"包容、普惠、有韧性"①方向发展的数字世界，交流方式从传统的面对面交流转变为虚拟社交，人际关系的构建和发展发生了巨大变化。良好的人际关系可以提供情感支持、社会支持，在增强个人心理幸福感的同时提升生活水平。

数字技术下沉，渗透到日常生活的细枝末节，重塑着我们构建和维护人际关系的方式。第一，对于数字中介化交往的信任和依赖，大大提升了人们交往的参与度与亲密度。多样化社交媒体平台所提供的数字化交流方式，打破了时间限制，实现了以交往在时间上同构为主要特征的"同步传

① 《习近平向2023年世界互联网大会乌镇峰会开幕式发表视频致辞》，《人民日报》2023年11月9日，第1版。

播"。数字化交流方式为人们提供了更加方便的社交媒体平台，在维护旧关系中建立起人们之间属于数字时代的新的社会联系。第二，虚拟社交的兴起可以更好地满足人们的交往需求，找到自我群体认同。传统社交媒介下的人际交往很大程度上依赖于生活空间的划分，具体表现为"人以群分"，而数字时代的网络社区更多地基于一种共享性邀约，其中包含共同的交流方式和共同的情感逻辑，也隐喻了共同价值观；虚拟公共空间给人们提供了表达个性和情感的广阔舞台，提供了建立情感联系的新方式，这就增强了个体的自我性，使人们更容易在网络空间获得信息支持和情感支持。

在信息过剩的环境下保持清醒的判断、在浅薄的社交网络中建立深度的联系是一种素养。其一，学会平衡在线和离线交流。尽管数字化技术提供了在线平台，以便人们保持联系，但也要意识到面对面交流的重要性，避免沉溺于虚拟世界，一味地追求数字化。其二，利用数字化交流方式时，要尽量使交流内容更加真实、深入，注重培养情感共鸣和同理心，以为良好人际关系的建立打下深厚基础。其三，在交往过程中，要注意保护好自己的信息和隐私，加强数字安全保护，警惕虚拟人际关系风险，培养良好的数字素养。只有这样，才能够在数字化生活时代建立健康、有意义的人际关系，提高个人对生活的满意度。

（三）层次化满足精神需求是实现精神生活共同富裕的必要前提

受社会阅历、知识结构、生活环境等多重因素的影响，不同地域、不同群体在精神文化需求上呈现出多层次、多样化的特征。"以人为本，全民共享。坚持以人民为中心，坚持把社会效益放在首位，文化数字化为了人民，文化数字化成果由人民共享。"[1] 人民群众是文化创造的主体，但在享受文化成果方面仍存在不平衡、不充分情况，只有层次化地满足各群体的文化需求，才能做到真正的全民共享，实现全体人民精神生活共同富裕。

在信息革命中消除精神生活差距，是推动精神生活共同富裕的必由之路。通过实施国家文化数字化战略，对文化产品、文化活动和文化服务进行全面系统的改革创新。具体来说，应以大数据实时精准感知、预测、分

---

[1]　高书生：《国家文化数字化战略怎样落地落实》，北京：人民出版社，2023，第156页。

析人民群众的多样化文化需求，推动城乡公共文化服务一体化，扩大公共数字文化覆盖面，合理分配文化资源；必要时向革命老区、民族地区、边疆地区、欠发达地区倾斜。缩窄数字文化鸿沟、补齐数字文化短板，让发展成果惠及全体人民，推动精神文化朝着均衡化方向发展。值得注意的是，要发挥人民群众在数字文化建设中的主体作用，依靠人民群众的智慧和力量，推动建设文化强国，提升人民群众的参与感和获得感。

将社会主义核心价值观的丰富内核融入数字文化产品之中，是满足人民群众多方面精神文化需求的重要条件。习近平总书记强调："要强化社会主义核心价值观引领，加强爱国主义、集体主义、社会主义教育，发展公共文化事业，完善公共文化服务体系，不断满足人民群众多样化、多层次、多方面的精神文化需求。"[1] 社会主义核心价值观反映了现阶段中国人民价值认同的"最大公约数"，要利用虚拟现实、人工智能等数字技术，将其融入文化生活的各层次、各方面，采用体验式、沉浸式等有趣形式，分众化、区域化为不同群体精准提供个性化的数字文化产品，让人民群众享受丰富多彩而又健康向上的精神文化盛宴。

三 以搭建数字传播矩阵提升精神追求

中国精神、中国价值、中国力量作为中国文化的核心元素，承载着中华民族的精神追求和行为准则，应通过挖掘代表中国精神的数字资源以坚定信念根基，传播蕴含中国价值的数字文化以增进社会认同，凝聚彰显中国力量的数字共识以激发精神共鸣，为夺取新时代中国特色社会主义伟大胜利打下更加坚实的共同思想基础。

（一）挖掘代表中国精神的数字资源以坚定信念根基

以爱国主义为核心的民族精神和以改革创新为核心的时代精神是凝心聚力的兴国之魂、强国之魂。习近平总书记指出："爱国主义始终是把中华民族坚强团结在一起的精神力量，改革创新始终是鞭策我们在改革开放中与时俱进的精神力量。"[2] 在信息革命时代，挖掘数字资源中的中国精

---

① 《习近平著作选读》（第二卷），北京：人民出版社，2023，第505页。
② 《习近平著作选读》（第一卷），北京：人民出版社，2023，第98页。

神，才能在中国经济持续进步的新时代，熔铸中国品格、振奋中国精神、坚定信念根基。

运用蕴含中国精神的数字文化资源加强思想政治教育，引导人们增进国家认同。当今世界正处于百年未有之大变局，在日趋复杂的国际环境下，我国意识形态领域也发生了全局性和根本性的转变，这对思想政治工作提出了更多新要求新任务。数字化时代，可以通过增强现实、3D 影像、虚拟现实等技术，更加生动活泼地呈现中国精神。例如，山西文博会为传承红色资源研发"虚拟对话数字人"文创产品，使得红色文化资源从纸质资料中"走"出来，"对话数字人"在为群众带来新颖的视听体验的同时也使得文化资源"活"起来，为思想政治工作提供最鲜活生动的教学素材。同时，网络空间日益成为人们学习的新阵地，通过数字化的传播方式，创新思想政治教育话语方式，为思想政治工作充分发挥统一思想、凝聚人心等重要作用提供坚实的技术支持，从而真正发挥出网络育人巨大的精神凝聚力和感召力。

例如，"5R+"虚拟仿真技术助力高校思政课堂形式创新。电子科技大学为破解人工智能技术赋能思政课堂中鲜活性不足、参与性不高的难题，运用计算机视觉技术深化思政课教学方式改革。首先，精准把握教育对象，缓解丰富的教育内容供给与教育内容吸收不够深入之间的矛盾。电子科技大学开发有针对性、实效性的虚拟课程资源，丰富扩展思政课教学内容。马克思主义学院定制了 100 多个红色虚拟场馆与交互式教学资源包，学生可以通过手机、VR 头盔等设备，自由选择"共产党宣言""红军长征""人类命运共同体""脱贫攻坚"等主题的虚拟仿真实践。学生们可以走进《共产党宣言》的诞生地——比利时布鲁塞尔的"天鹅之家"咖啡馆，与马克思一起朗读《共产党宣言》，沿着伟大革命导师的足迹，感悟马克思主义基本原理与党的创新理论的时空力量。其次，计算机视觉技术提供新的教学工具和方法，带来更加直观和具有互动性的教学体验。学校搭建"5R+"智慧思政平台，多元化、立体化收集、挖掘各类思想政治资源，沉浸式、虚拟化模拟教学场景，在全方位拟真环境中开展人机一体、虚实交互的教学实践活动。最后，打造融合思政的多维度课堂教学。分层三维重建是计算机视觉技术一个很重要的方面，通过分层实现三维结构的重建，减少优化参数。当遇到难以解决的思政问题时，以重建步骤为桥梁，通过分层三维重建，跳出原有思维模型，分步骤解决，采用启发式、过程向导式等多种教学方式，在教师设计的具体情境中引领学生思维。在这些过程中，思想政治教育者以人为本、以行践知，授以学生探索性的学习方法，将被动接受转变为主动学习，提升思想政治工作主动性。

智能算法实现高校思想政治工作和人的高度匹配。思想政治工作对象是"现实的人"，"要强化精准思维，坚持'致广大而尽精微'，做到谋划时统揽大局、操作中细致精当，以绣花功夫把工作做扎实、做到位"①。没有调查就没有发言权，人工智能赋能高校思想政治教育要为教育决策的科学性服务。哈尔滨工业大学开展"理论教学+真机实验"项目，教育者利用强大的计算能力和智能算法，挖掘海量数据信息中所蕴含的内在本质，产出与教育对象更契合的教育内容。通过"算法+决策"全面分析受教育对象的意见和需求，针对性地调整和更新教学方法，围绕受教育者的实际需求开展教育工作。完成高强度和高精准度的思想政治工作，从有关学生的数据收集，到数据的深层次分析，各环节的紧密配合都离不开智能算法。在实践过程中，对受教育者的思想和行为进行全面的动态分析和多维度的综合分析，完整展现学生作为主体的立体思想状态，并对历史数据与当下数据、个体数据与整体数据进行整合，助力分类分层精准开展思想政治工作，激发学生的积极性和主动性。

量子计算技术与思想政治工作相统一。同济大学将课程思政教育与近代物理实验课相结合，尤其是在 2021 年增设金刚石 NV 色心量子计算实验项目，该项目不仅可以进行成体系的量子计算知识教学，且蕴含丰富的思政内涵，使思想政治工作呈现开放性与动态性交织的特点。近代物理实验课程涉及知识面广、内容丰富、受重视程度高，这为实验课程和思政教育的深度融合提供了空间。同济大学金刚石 NV 色心量子计算实验项目以知识传授、能力培养、价值引领为主要目标。一方面，通过让学生了解量子计算的基本概念，配合实际操作比较量子算法相较于传统算法的优势，培

---

① 习近平：《努力成长为对党和人民忠诚可靠、堪当时代重任的栋梁之才》，《求是》2023年第 13 期。

养学生科学思维，提升学生创新学习能力，增强学生科技自信和文化自信，引导学生勇担科技报国使命。另一方面，通过将科学历史与前沿动态有机融合，提升思想政治教育的深度和广度，提出采用具有"导、学、练、展、评"五大环节的 SPOC 混合式教学模式，在培养创新能力的同时提升道德素养，以期实现知识传授、能力培养和价值引领三位一体的人才培养目标，落实好立德树人的根本任务。在实际教学过程中，在夯实物理知识基础的同时，可深度挖掘实验背后和当代前沿科技中蕴含的思政价值，使思想政治教育润物无声地融入其中，厚植科技自信、文化自信。如实验过程中介绍相关背景，让学生认识量子计算在密码破译、国防军事等领域的影响，了解国家信息安全战略，树立科技报国意识。总之，对高校思想政治工作而言，无论是新的理论探索，还是处理实际工作，融合性计算都可以起到极大的促进作用。

运用数字采集和智能媒体对文化资源进行深度挖掘和有效传播，让中国精神矗立于新时代文化高峰。一方面，中国精神的传承离不开对文化资源的开采、挖掘与保护。既要利用大数据、知识图谱等数字采集技术，对蕴含中国精神的文化知识内容进行梳理、分析、挖掘和数字化，又要利用大数据分析技术进行解构、分类、整理、存储留档，形成数字化资料，实现文化资源的云存储。另一方面，中国精神的数字化传播也离不开文化资源的创新。在主客体层面，要推动文化机构数字化转型升级，加强数字产业化布局，打造数字文化体验新场景，提升公共文化数字化发展水平；在内容载体方面，要挖掘数字化内容元素，增强内容生动性，利用好网络语言，适应数字化传播形式、构建数字化传播体系、打造数字化传播矩阵，在打造交互体验中提升传播实效，把数字化的文化资源转化为走好民族复兴征程的智慧和力量。

（二）传播蕴含中国价值的数字文化以增进社会认同

中国价值作为一种面向未来的积极力量，为中国人民提供强大的精神指引。"中国价值是社会主义核心价值观，在国家的价值目标、社会的价值取向和个人的价值准则方面表征着中国马克思主义哲学的规范性内容。"① 中国价值融合了马克思主义价值观，是马克思主义价值观在中国特色社会主义实践中的具体体现。其具有内外两个面向："对内意在增强民族自尊心、自信心和自豪感，凝聚社会共识；对外意在通过参与全球治理、贡献中国智慧与中国方案，树立中国负责任、有担当的良好大国形象。"② 因此，中国价值凝结着全体人民共同的价值追求，带给中国人的是极具分量与独特性的中华文化。

在数字文明时代，数字文化强国战略面临新诉求，要通过实施国家文化数字化战略繁荣文化事业和文化产业，增进文化自信自强。就其理论诉求而言，要在价值引领层面坚定走中国式道路，在精神文明层面巩固文化的支柱性地位，在数字技术层面注重对前沿科技的人文考察。就战略诉求而言，对社会主义先进文化数字化的研究，既回应并推进了数字中国战略的顶层设计，又满足了数字文化强国建设的人文追求。对于双重诉求的回应，不仅意味着文化数字化正成为数字文化强国的战略支撑，也意味着文化数字化进程包含着对中国价值和中华文化，特别是社会主义核心价值观的认同。

传播蕴含中国价值的数字文化，持续增进中国价值的社会认同，最重要的是要借助数字化手段推动中华优秀传统文化创造性转化、创新性发展。传统文化与数字技术在数字空间发生着交汇融通，不仅体现在对文化载体和文化样式的技术赋能上，更体现在能够实现不同历史时空的文化对话上。我们要把中华文明讲仁爱、重民本、守诚信、崇正义、尚和合、求大同的精神特质在与数字文化的融通中嵌入数字空间，从而传承中华民族生生不息、长盛不衰的多元文化基因。此外，以数字化宣传中国价值，必须始终坚持正确方向导向。始终坚持以社会主义核心价值观为引领，把数字化技术与人文精神高度融合，坚守中华文化立场，传播正确的历史观、民族观、国家观、文化观，弘扬中华优秀传统文化、革命文化和社会主义先进文化，让积极健康向上的中国价值成为数字内容的主流，在传播蕴含中国价值的数字文化中提升自我认同感和个人幸福感。

---

① 王立胜、单继刚主编《中国马克思主义哲学何以可能——首届中国马克思主义哲学 30 人论坛演讲集》，北京：人民出版社，2023，第 77 页。
② 程曼丽：《新时代中国价值的国际传播与国家形象建构》，《中国出版》2023 年第 13 期。

（三）凝聚彰显中国力量的数字共识以激发精神共鸣

奔涌于改革创新历程中的中国力量凝结着亿万人民的不懈奋斗，推动着历史进程的前进。"实现中国梦必须凝聚中国力量。这就是中国各族人民大团结的力量。"① 应建立数字友好共识，形成人与数字化和谐共生的数字文明趋势，为实现中华民族伟大复兴的中国梦注入数字活力，为最终实现人的自由全面发展注入中国力量。

中国文化凝聚中国力量，文化数字化是文化现代化的时代方略。文化发展与现代化进程相适应、数字科技与文化相结合体现着文化现代化的发展趋势，丰富着新时代人民的精神世界。立足当前，统筹全局，我国把文化建设摆在治国理政的突出位置，实施国家文化数字化战略。中央层面对国家文化数字化建设进行了战略部署，印发了《关于推进实施国家文化数字化战略的意见》，明确提出了 8 项重点任务，强调各地要把推进实施国家文化数字化战略列入重要议事日程。② 以数字化手段弘扬中国文化，凝聚起中国力量的数字共识，要发挥中国道路的力量、中国精神的力量、中华各民族团结的力量、中国人民的力量，树立高度的文化自信，激发全民族文化创造活力，以文化自信构筑中国力量。总之，应保障以人为本的人民生活与数据驱动的生态系统协调可持续发展，在前进的道路上聚民心、凝民力，不断厚植中国式现代化的精神沃土。

第四节　数字领域国际合作构建开放包容精神世界

随着信息技术的迅速发展和全球化进程的加速，数字领域的国际合作日益加强，各国之间的交流与合作不断深化。习近平总书记强调，"中国愿同世界各国一道，携手走出一条数字资源共建共享、数字经济活力迸发、数字治理精准高效、数字文化繁荣发展、数字安全保障有力、数字合

---

① 《习近平著作选读》（第一卷），北京：人民出版社，2023，第 98 页。
② 《中共中央办公厅 国务院办公厅印发〈关于推进实施国家文化数字化战略的意见〉》，中国政府网，2022 年 5 月 22 日，https://www.gov.cn/zhengce/2022-05/22/content_5691759.htm。

作互利共赢的全球数字发展道路"①。开放包容的价值理念是数字领域国际合作的基石，以数字生态文明充分保障全球人民积极正向心理体验、以数字人文交流推动人类文明进步、以数字福祉构筑全球共享发展空间，积极构建网络空间命运共同体，共同谱写人类社会发展繁荣的未来新篇章。

一 以数字生态文明充分保障全球人民积极正向心理体验

生态兴则文明兴，生态衰则文明衰，习近平总书记指出："人类只有一个地球，保护生态环境、推动可持续发展是各国的共同责任。"② 建设人与自然和谐共生的地球家园，要顺应数字化发展浪潮，以全球倡导数字绿色生活方式充实人民获得感、以全球共促绿色低碳转型发展提高人民幸福感、以全球参与生态环境数字治理增强人民安全感，顺应世界各国人民对美好生态环境的需要，保护人类共同家园，世界各国携手并肩共同打造一个清洁美丽的美好世界，使良好的生态环境成为人民幸福生活的重要支撑点和增长点。

（一）以全球倡导数字绿色生活方式充实人民获得感

随着全球环境保护和可持续发展日益受到重视，中共中央提出："加快经济社会发展全面绿色转型，健全生态环境治理体系，推进生态优先、节约集约、绿色低碳发展，促进人与自然和谐共生。"③ 习近平总书记提出："生态文明建设关乎人类未来，建设绿色家园是人类的共同梦想，保护生态环境、应对气候变化需要世界各国同舟共济、共同努力，任何一国都无法置身事外、独善其身。"④ 数字化绿色生活方式已经成为一种新的潮流，全世界人民都应在日常生活中采取环保、健康、可持续的生活方式，为推动人与自然和谐共生贡献人民力量，保障全世界人民生态福祉。

数字引领绿色创造美好生活，满足全世界人民对优美生态环境的需求。加强对共建"一带一路"国家在重点领域的技术支撑，完善数字基础

---

① 《习近平总书记关于网络强国的重要思想概论》，北京：人民出版社，2023，第18页。

② 习近平：《论坚持人与自然和谐共生》，北京：中央文献出版社，2022，第94页。

③ 《中共中央关于进一步全面深化改革　推进中国式现代化的决定》，北京：人民出版社，2024，第5页。

④ 《习近平著作选读》（第二卷），北京：人民出版社，2023，第174页。

设施建设，合作构建生态环境综合管理平台，不断为实践绿色智慧生活方式提供有利的基础条件。同时，利用数字技术践行环保、低碳的消费和生活方式，减少对环境的污染和对资源的消耗，降低自身的健康风险，提高生活质量，提升人类绿色获得感。

数字助推绿色发展理念的践行，增强全世界人民对绿色发展的价值认同。在加快打造数字绿色生活新场景的同时，鼓励世界人民积极树立数字化绿色生活思维，改变传统的生活方式和消费方式，推进国际社会养成绿色智慧的生产生活行为习惯，形成与践行绿色智慧生产生活的新风尚。此外，各国经济发展水平不同，对数字化绿色智慧生活方式的认知也存在差异，因此，以满足人民对美好生活的向往为逻辑起点和价值追求，各个国家和各个地区携手提升全世界人民数字素养，开展一系列数字素养培训课程，使其掌握基本的数字化技能和应用方法，更好地适应数字化时代的数字绿色生活方式，为全球治理做出更大贡献。

总之，要坚持包容、开放、务实合作。中国应发挥负责任大国的示范引导作用，从全面参与到主动引领，以积极的姿态联合各国加强环保国际合作，为世界各国数字领域高质量发展增添绿色底色和质量成色，为未来可持续发展经济增长奠定坚实基础，让人民真正感受到美好生活，打造人人乐享生活的美好共同体。

（二）以全球共促绿色低碳转型发展提高人民幸福感

全球气候问题日益严峻，绿色低碳转型已经成为全球各国的共识和各方义不容辞的使命。习近平总书记指出："对人的生存来说，金山银山固然重要，但绿水青山是人民幸福生活的重要内容，是金钱不能代替的。"[①]在快速发展的全新数字时代，应通过数字赋能加快绿色低碳转型，实现绿色复苏发展，以良好生态环境增进全人类福祉。

数字驱动绿色低碳转型发展，实现全球人民生态幸福。中共中央提出："协同推进降碳、减污、扩绿、增长，积极应对气候变化，加快完善

---

① 《习近平著作选读》（第一卷），北京：人民出版社，2023，第113页。

落实绿水青山就是金山银山理念的体制机制。"① 以新一代人工智能为代表的数字技术促进绿色低碳转型发展，拥抱数字时代新技术，让全世界人民真切感受到生态环境质量逐步转优的幸福和美好。其一，挖掘技术价值，推动国际经验分享和交流，狠抓关键核心技术，深化人工智能、大数据等数字技术在转型发展中的应用，使各国之间的绿色低碳转型发展更加协调，为加快世界各国转型步伐提供强有力的科技支撑。其二，强化科技创新，各国把应对气候变化和污染治理作为科技创新的重点领域，利用数字技术提升可再生资源能源利用效率，减少污染物排放和碳排放，提高环保水平。其三，加强数字基础设施建设，搭建符合全球统一标准、富有韧性的数字化合作交流平台，助力互动合作，使绿色低碳转型更加有秩序，展现各国、各地区低碳转型发展的决心和作为，营造人与自然和谐共生的良好国际氛围。

"我们所处的是一个充满挑战的时代，也是一个充满希望的时代。"② 应积极推进世界各国绿色发展合作，增强世界各国参与绿色低碳转型建设的责任感和使命感，以绿色厚植发展底色，共同探索美好未来，勾勒生态幸福"新画卷"，让绿色发展成果更好惠及全人类。

（三）以全球参与生态环境数字治理增强人民安全感

发展是人类社会的永恒主题，是解决一切问题的关键，可持续发展已经成为当今人类社会关注的重点。习近平总书记提出，"着力深化环保合作，践行绿色发展理念，加大生态环境保护力度"③。深入打好污染防治攻坚战，提升资源环境的长期承载力，健全数字生态文明安全保障体系，优生态保安全抓发展，持续增强人民安全感，提高生态环境治理现代化水平，需要全球参与。

以数字化维护全球生态正义，保障人类永续健康发展。人类社会是天然的利益共同体。"全球环境治理已经成为全球治理的核心议题之一，既

---

① 《中共中央关于进一步全面深化改革　推进中国式现代化的决定》，北京：人民出版社，2024，第38页。

② 《习近平著作选读》（第一卷），北京：人民出版社，2023，第52页。

③ 《习近平关于社会主义生态文明建设论述摘编》，北京：中央文献出版社，2017，第138页。

是世界各国共同面临的科学问题和环境问题，也是事关经济发展与安全的重要问题。"① 随着全球联系的不断深化和全球危机的不断加深，世界各国、各地区及其人民的切身利益也日益紧密相关。故而，应秉持人类命运共同体的理念，推动世界各国、各地区共同参与，构建解决全球环境治理问题的数字化方案，促使各国共建美丽地球，为实现人类可持续发展作出贡献。一是以数字基础设施增强全球环境治理稳定性。世界各国加快建设高速宽带网络、物联网专用网络等，提高网络覆盖率和数据传输速度，为环境监测数据的实时传输提供稳定可靠的网络支持。此外，各国企业和国际组织利用云计算、物联网、互联网等技术，加快建设数字化平台，完成环境数据的集中存储和分析，为各国政府、各部门提供数据共享服务，实现环境治理信息的共享和协同。二是以数据资源提高全球环境治理效率和质量。世界各国政府、企业和国家组织加强数据资源体系建设，整合各部门、各地区生态环境、气象、电力等多源数据，不断完善生态数据资源体系，建立生态环境数据共享平台，实现数据的共享和标准化，提高数据资源的利用效率和质量。三是以数字技术提高全球环境治理的精准度。加强国际科研机构物联网技术合作，共同研发和应用生态环境数字化治理技术，实现对环境数据的实时监测和采集，为监测空气质量、水质等环境指标提供更好的数据支持。与此同时，各国利用大数据技术对环境数据进行处理和分析，挖掘数据背后的规律和趋势，提高环境治理的精准度和效率，为环境治理提供更加全面的数据支持，在环境治理中做出更加快速和准确的响应，推动全球生态环境数字化治理技术的进步。

中国作为全球最大发展中国家，紧跟时代、放眼世界，承担大国责任、展现大国担当。中国始终坚持深入贯彻落实习近平生态文明思想，以积极参与、贡献的姿态深化生态环保国际合作和国际环境公约履约，为全球环境治理贡献中国智慧和中国方案，实现由全球环境治理参与者到引领者的重大转变，为全球环境治理作出重要贡献，让人类安全感更有保障，为数字美好生活增加"生态安全分"。

---

① 宫玉涛、王先霞：《全球发展倡议与全球环境治理转型》，《党政研究》2024 年第 5 期。

二 以数字人文交流推动人类文明进步

数字化背景下，沟通交流不再受制于时间、地点和语言，不同文化背景的人们可以自由地进行交流和互动，打破隔阂，减少文化冲突和误解。中共中央总书记、国家主席习近平提出："我们要共同倡导加强国际人文交流合作，探讨构建全球文明对话合作网络，丰富交流内容，拓展合作渠道，促进各国人民相知相亲，共同推动人类文明发展进步。"[1] 新时代文化数字化的新优势必将为促进数字时代人文交流合作提供强劲的数字动能。以数字化为支撑，以国际合作为背景，以国际文旅融合数字化发展多元互动交流格局、以数字文保兼收并蓄体现价值认同与共识，适应百年未有之大变局，推动人类文明发展进步。

（一）以国际文旅融合数字化发展多元互动交流格局

文旅融合是一种把特定文化与旅游活动结合在一起的现代旅游模式，联合国世界旅游组织认为，"文化旅游是一种游客出于学习、寻求、体验和消费物质或非物质文化吸引物、文化产品的本质动机的旅游活动"[2]。世界各国利用文化旅游这种形式，充分发挥自身的独特文化优势，全方位、立体式展现美好形象，促进民心相通。习近平总书记强调："坚持以文塑旅、以旅彰文，推进文化和旅游深度融合发展。"[3] 随着全球化的推进和科技的发展，国际文化与旅游相融合已经成为传承优秀文化和人文交流的趋势。文化与旅游、数字化的深度融合，不仅可以促进文化传承和旅游产业的发展，还可以增进不同国家、地区之间的理解和友谊。

通过国际文旅融合数字化，实现世界各国人民思想意识上的互动。文化建设支撑旅游发展，不断丰富服务和产品的文化内涵，丰富旅游产品和提升文化体验，更好满足世界各国人民的审美和文化需求。"十四五"规划中提出建成文化强国，文化旅游融合数字化进入智慧转型的关键期。充分发挥数字化的优势，并利用数字化处理与展示文化资源和旅游资源，创

---

① 习近平：《携手同行现代化之路——在中国共产党与世界政党高层对话会上的主旨讲话》，北京：人民出版社，2023，第8页。
② *UNWTO Tourism Definitions*（World Tourism Organization，2019），p.55.
③ 《习近平著作选读》（第一卷），北京：人民出版社，2023，第37页。

新产品和服务，提升公共文化服务效能。2023 年 12 月起，中国先后对法国、瑞士、新西兰、葡萄牙、斯洛伐克等国试行单方面免签政策；仅 2024 年一年，通过单免政策来华的外国人总人次就多达 339.1 万人次，同比增长 1200.6%；2025 年"五一"假期，外国人入出境总人次达 111.5 万人次，其中适用免签政策入境 38 万人次，同比增长 72.7%。[1] 至 2025 年 6 月，适用单方面免签政策国家已扩展至 47 个，彰显了中国持续推进高水平对外开放的坚定决心。中国将持续优化入境政策，不断扩大免签国家范围，让更多外国朋友来中国体验更优质的数字产品供给、更多元的数字消费场景和更充分的数字服务保障，以更大范围的开放、更深层次的合作与各国共享数字文化繁荣。[2]

通过国际文旅融合数字化，以精神力量诚意正心促进文化传播。以旅游连接城市，利用社交媒体和在线平台等渠道，深入了解世界各国旅游城市，线上加强与国际组织、不同国家在文化旅游领域的合作与交流，拓展文化市场，传播多样文化。此外，建设数字博物馆、虚拟景区等，打破全球地域限制，增强沉浸感，使不同文化背景的人们联系起来，扩大服务对象范围，实现世界各国游客个人的文化获得感和国际旅游业发展活力的增强。以各种途径、方式方法推动开创文旅深度融合数字化新局面，共创国际文化新繁荣，促进文明交流互鉴，提高国际社会的文化凝聚力，增强世界各国游客们在旅游过程中的文化感知和文化体验。

总之，国际文化旅游需要以数字化为动能驱动提质发展。以数字化变革推进文化与旅游融合已成为世界各国的共识，应尊重文化差异，使人类优秀多元文明成果相融相通，实现跨文化交流与互动，提高不同国家、地区人民的认同感和归属感。

（二）以数字文保兼收并蓄凝聚体现价值认同与共识

多元化、差异化的国际环境倡导国际社会以包容认可的态度尊重其他文化，寻找文化共通点，体现价值认同与价值共识。有学者提出："加强

---

[1] 《今起试行！中国单方面免签"朋友圈"再增 5 国》，新华网，2025 年 6 月 1 日，https://www.xinhuanet.com/world/20250601/0f2f5621214c44d794dcbf491929701d/c.html。

[2] 《中国单方面免签"朋友圈"增至 47 国》，中国政府网，2025 年 6 月 9 日，https://www.gov.cn/yaowen/liebiao/202506/content_7026954.htm。

世界文化遗产保护管理监测，维护历史文化遗产的真实性、完整性、延续性、牢牢守住文物安全底线。"[1] 文化遗产是一种精神象征，世界文化遗产是人类文明绵延传承的生动见证，文化遗产的保护和传承已经成为国际社会共同关注的议题。数字文化遗产保护作为一种新兴的保护方式，具有无限潜力和广阔前景，通过数字领域国际合作促进数字文保的全面发展，凝聚文明认同，增进不同国家、地区之间对彼此的价值认同和价值共识。

以数字化激发文化遗产保护活力，传承人类文明精神内核。文化遗产的数字化保护，一要避免"重技术，轻文化"，世界各国、各地区在文化遗产的实际保护中要找到二者之间的平衡点，梳理优秀人类文明成果的发展脉络，增添历史文物资源的活力。二要把握开展文化遗产数字化保护的工作核心，融合、融通世界文物物质形态与数字形态，全面阐释数字与实体的辩证关系，保护文化完整性，让更多文物"活起来"，赓续历史文脉，以更为精准智能的数字文物服务满足美好生活艺术需求，不断涵养全世界人民历史主动精神。

以数字化赋予文化遗产保护时代新意，实现优秀文化资源在全球范围内的数字化共享。首先，完善各国政府、跨国企业、学术界等多层面合作机制。2023 年 6 月，中国文化和旅游部发布《非物质文化遗产数字化保护 数字资源采集和著录》系列标准，从总则、民间文学、传统音乐、传统舞蹈等 11 个方面规范非物质文化遗产的数字化保护。[2] 中国应同世界各国、各地区携手完善相关法律法规、体制机制，以合法有序行为保护世界物质文化遗产和非物质文化遗产。与此同时，建立国际数字文化遗产保护数据库，共享资源和技术成果，支持和引导数字文化遗产的保护，确保数据安全，减少文化差异和语言障碍导致的文化遗产保护信息不对称。其次，借助数字化平衡文化遗产保护和创新，鼓励各国共同开展数字文化遗产保护的技术研发和创新，探索新的文化遗产保护技术及其应用场景，永久保存、永续利用数字文物资源，推动全球范围内全民共享共用。最后，各国

---

① 中央党校（国家行政学院）中华文明与中国道路研究中心编著《传承与发展——建设中华民族现代文明》，北京：人民出版社，2023，第 151 页。

② 《非物质文化遗产数字化保护 数字资源采集和著录》，中国政府网，2023 年 6 月 29 日，https://www.gov.cn/zhengce/zhengceku/202308/content_6900702.htm。

应积极作为，为优秀人才提供数字文保的相关课程，并为其创造国际交流机会。这些举措旨在推动其深入学习和掌握文化遗产数字保护的技能，进而增强驾驭新技术和新手段的能力。这一过程的核心目标在于打造具有高数字素养和国际视野的数字人才，保护人类文明取得的灿烂成就，增强传承意识。

在数字文保国际合作中要兼收并蓄、平等相待。充分尊重各方文化差异，凝聚不同民族、不同信仰、不同文化、不同地域人民的价值认同与价值共识。携手应对世界遗产保护中的难题，积极地传播与弘扬那些在人类历史长河中跨越时空界限、超越国家界限、充满永恒魅力、具备当代价值的优秀文化，共同推动数字文保事业的繁荣发展，为实现人类文明的可持续传承与发展提供强大的精神力量。

三　以数字福祉构筑全球共享发展空间

在美好生活数字图景中，数字福祉是数字化进程中的一种新事物。在数字与人类福祉相融的过程中，越来越多的国家主动探索人工智能赋能教育，以数字教育为动能培养平等对话精神气度、以数字体育凝心聚气彰显天下情怀共同价值，以人为本，用开放包容、互惠共赢的世界智慧教育生态全方位提高全球人民生活品质。

（一）以数字教育为动能培养平等对话精神气度

随着信息技术的不断发展，数字化已渗透到国际社会的各领域，以教育为代表的人类文明领域同样也在数字化浪潮下发生着巨大的变化。习近平主席 2019 年在致国际人工智能与教育大会贺信中倡导的"加快发展伴随每个人一生的教育、平等面向每个人的教育、适合每个人的教育、更加开放灵活的教育"[1] 四个教育目标已在全球生根发芽。习近平总书记指出："当今世界，新一轮科技革命和产业变革深入发展，围绕高素质人才和科技制高点的国际竞争空前激烈。"[2] 以数字化赋能教育，"人工智能+教育"已成全球数字教育变革新趋势，全球团结起来开展国际合作，加强国际学

---

[1]　《习近平向国际人工智能与教育大会致贺信》，《人民日报》2019 年 5 月 17 日，第 1 版。
[2]　习近平：《扎实推动教育强国建设》，《求是》2023 年第 18 期。

术交流和教育科研合作，将数字教育融入精神生活共同富裕的实践过程之中，如设计中小学科学教育智能导师原型，为促进全球优质教育资源均衡配置提供新引擎、新动能，使教育资源得到更加广泛的共享和传播，实现全球范围内的精神文明高质量发展。

以数字教育满足人类精神发展需求，使全球人民保持昂扬向上的精神状态。在人类发展历程中，教育始终是实现社会进步和人的自由全面发展的重要动力，在全球大步迈入数字经济时代时，要充分发挥数字教育在实现物质生活共同富裕和精神生活共同富裕相协调中的作用。第一，以数字化驱动教育公平、全纳、开放、共享。收集和分析全球范围内的教育数据，深入了解不同国家和地区的教育特点和需求，开展精准技术支持，帮扶贫困国家、落后国家，推动多国数字教育均衡发展。同时，共建数字教育合作的智慧网络，共享数字教育优质资源，共同推进数字教育治理，加强各国数字教育战略和政策方面的沟通，缩小数字教育发展差距，从而优化教育生态，让教育发展成果更多更公平惠及全人类。第二，以数字化全面提升教育服务发展能力。日本基于人工智能为学生量身定制课程方案。中国国家智慧教育平台持续开展智能化升级、场景化示范。在线教育、远程教学、虚拟实验室等新型教育方式的出现，打破了地理限制，推动形成数字教育国际合作新格局，为各国教育提供了更多的选择和机会，使全球人民大规模共享优质教育资源，提高了世界各国人民对教育的满意度。第三，以数字化增强全球人民教育获得感。在高速网络、云计算中心、大数据中心等数字基础设施的支持下，积极探索利用数字技术满足个性化学习需求，构建高效、稳定、安全的教育平台和教育资源库，如新加坡将人工智能学习工具嵌入学生学习空间，并开发教育领域专用大模型，拓展学习资源，为世界各国人民提供广阔的学习空间，满足其多样化的教育需求。

总之，开启精神生活共同富裕新征程，培养平等对话精神气度，必不可少的是以数字化重塑教育变革发展。尊重每个国家、每位公民受教育的权利和尊严，让教育真正成为一种全民共享的福利，而不仅仅是少数人的特权。习近平主席指出："中国是经济全球化的受益者，更是贡献者。"[1]

---

[1] 《习近平外交演讲集》（第二卷），北京：中央文献出版社，2022，第 10 页。

根据 2024 年 1 月的数据，中国在全球数字教育发展指数排名中跃升至第 9，截至 2024 年 9 月，国家智慧教育平台访问量超过 500 亿人次，用户覆盖 200 多个国家和地区，成为世界第一大教育资源数字化中心和服务平台。在数字经济和国际合作的背景下，中国体现大国担当、积极履行大国责任，向世界展示如何以技术革新推动教育公平与教育质量跃升，积极参与全球教育治理，持续加大对外开放合作的力度，积极促进数字教育国际交流与合作，持续精心办好世界数字教育大会，加快国家智慧教育平台国际版建设，推动数字教育中国方案走向世界。智能鸿沟成为评估教育公平的新变量。中国通过数字化为打破时间、地域限制，推动全球教育事业发展贡献中国力量，为构建更加公平、开放、共享的国际社会教育环境提供更多创新的教育方式和工具，为构建适应百年未有之大变局的教育数字化发展新形态提供理念支撑，为精神生活共同富裕奠定坚实基础，积极推动建立创新发展、安全发展、普惠发展的国际数字教育发展共同体。

（二）以数字体育凝心聚气彰显天下情怀共同价值

在全球化日益深入的今天，体育作为人类文明的重要组成部分，其价值和意义已经超越了国界和种族。体育不仅是人类文明的载体之一，也是一种社会文化现象，是促进不同文明交流对话沟通的活力源泉。习近平总书记指出："体育是提高人民健康水平的重要途径，是满足人民群众对美好生活向往、促进人的全面发展的重要手段，是促进经济社会发展的重要动力，是展示国家文化软实力的重要平台。"[1] 跨越国界和意识形态的体育交流不仅是文化交流的桥梁，也是建立平等友好关系的桥梁。数字体育作为体育与数字技术深度融合的产物，正日益展现出其巨大潜力。

充分发挥数字体育在凝聚国际社会共识中的精神纽带作用，助力世界各国人民实现精神富足。数字体育是构筑全人类共有精神家园的最佳载体，能够更深层次地浸润全人类的精神世界。一方面，数字体育超越种族、语言和文化的差异，促进全球体育社区的团结与和谐。随着体育直播用户规模的不断扩大，体育赛事的观看不再受限于地理位置。2022 年卡塔

---

① 习近平：《在教育文化卫生体育领域专家代表座谈会上的讲话》，北京：人民出版社，2020，第 11 页。

尔世界杯构建世界首个 8K 画质的现场直播系统，利用网络直播为观众提供极为清晰的画面，使全球人民都能够获得更真实的观赛体验。虚拟现实技术和增强现实技术的广泛应用为世界各国、各地区人民提供沉浸式的观赛体验，身临其境地"现场"体验比赛的热闹气氛。同时，来自不同国家和地区的人民通过社交媒体平台分享自己的观赛感受、预测比赛结果、与其他国家和地区的球迷进行实时互动。在数字化的助力下，世界各国、各地区人民因对体育的共同兴趣和追求而聚集在一起，推动全球人民的交流与相互理解，有助于增强全球人民的凝聚力和认同感，从而增进世界友谊。另一方面，数字体育实现跨国合作与资源互动，提升全球人民体育素质与精神生活水平。以巴黎奥运会为例，其作为一场跨越国界的竞技活动，借助数字科技全方位塑造奥运会的面貌，向世界展示了一个科技与体育深度融合的新时代。巴黎奥运会首次实现以"4K 超高清+三维声"技术制作开幕式和赛事节目，提高赛事节目的制作效率和传播效果。此外，云上转播技术通过云计算和大数据的支撑，实时处理和分析海量的赛事数据，为各个国家和各个地区的观众提供更加精准和个性化的观赛服务，提高赛事的观赏性和互动性。数字科技与巴黎奥运会的融合不仅展示了背后的文化符号和价值观，还传递了和平、友谊、团结和公平竞争的奥林匹克精神，有助于弘扬全人类共同价值。

体育关乎人民幸福，关乎人类未来。数字体育以其独特的魅力和技术优势，推动了世界各国及地区的合作与交流，使体育体验更加多元化、个性化，彰显体育运动友好往来的精神和魅力，丰富人们的精神文化生活。站在新的历史起点上，中国作为胸怀天下的大国，将中华体育精神、中华民族精神和时代精神发扬光大，主动担当起大国责任，积极参与、建设、引领数字体育发展，鼓励更多人参与体育运动、参与体育文化的塑造，在世界体育文化传承中大放异彩，共同将优秀体育文化传播到世界各处，为构建人类命运共同体贡献体育力量。

总之，以数字福祉筑牢全球共享发展空间，不仅要有高度，更要有温度。习近平总书记强调："从'本国优先'的角度看，世界是狭小拥挤的，时时都是'激烈竞争'。从命运与共的角度看，世界是宽广博大的，处处都有合作机遇。"① 数字革命时代潮流浩荡前行,数字空间承载着人民对美好未来的无限憧憬,要着力提高全民数字素养和技能,深度参与数字教育、体育国际合作,"把创新作为第一动力、把安全作为底线要求、把普惠作为价值追求"②,推动数字时代互联互通,弥合数字鸿沟,为人民精神生活共同富裕注入新动力,让数字化、网络化、智能化为世界智慧教育生态发展开创新局面。

---

① 《习近平著作选读》(第二卷),北京:人民出版社,2023,第 492 页。

② 《习近平向 2024 年世界互联网大会乌镇峰会开幕视频致贺》,《人民日报》2024 年 11 月 21 日,第 1 版。

参考文献

一　重要文献

《马克思恩格斯全集》（第一卷），北京：人民出版社，1995。

《马克思恩格斯全集》（第三卷），北京：人民出版社，2002。

《马克思恩格斯全集》（第四十二卷），北京：人民出版社，1979。

《马克思恩格斯文集》（第三卷），北京：人民出版社，2009。

《马克思恩格斯选集》（第三卷），北京：人民出版社，1995。

《马克思恩格斯选集》（第一卷），北京：人民出版社，1995。

《1844年经济学哲学手稿》，北京：人民出版社，2000。

《毛泽东文集》（第七卷），北京：人民出版社，1999。

《邓小平文选》（第二卷），北京：人民出版社，1994。

《邓小平文选》（第三卷），北京：人民出版社，1993。

《建国以来重要文献选编》（第四册），北京：中央文献出版社，1993。

《江泽民文选》（第一卷），北京：人民出版社，2006。

《江泽民文选》（第三卷），北京：人民出版社，2006。

《十四大以来重要文献选编》（上），北京：人民出版社，1996。

《十八大以来重要文献选编》（中），北京：中央文献出版社，2016。

《十九大以来重要文献选编》（中），北京：中央文献出版社，2021。

《孙中山选集》（下），北京：人民出版社，2011。

《高举中国特色社会主义伟大旗帜　为全面建设社会主义现代化国家而团结奋斗——在中国共产党第二十次全国代表大会上的报告》，北京：

人民出版社，2022。

《习近平关于城市工作论述摘编》，北京：中央文献出版社，2023。

《习近平关于全面从严治党论述摘编》，北京：中央文献出版社，2016。

《习近平关于社会主义社会建设论述摘编》，北京：中央文献出版社，2017。

《习近平关于社会主义生态文明建设论述摘编》，北京：中央文献出版社，2017。

《习近平关于社会主义文化建设论述摘编》，北京：中央文献出版社，2017。

《习近平书信选集》（第一卷），北京：中央文献出版社，2022。

《习近平谈治国理政》（第一卷），北京：外文出版社，2018。

《习近平谈治国理政》（第二卷），北京：外文出版社，2017。

《习近平谈治国理政》（第三卷），北京：外文出版社，2020。

《习近平谈治国理政》（第四卷），北京：外文出版社，2022。

《习近平外交演讲集》（第二卷），北京：中央文献出版社，2022。

《习近平文化思想学习纲要》，北京：学习出版社、人民出版社，2024。

《习近平总书记关于网络强国的重要思想概论》，北京：人民出版社，2023。

《习近平著作选读》（第一卷），北京：人民出版社，2023。

《习近平著作选读》（第二卷），北京：人民出版社，2023。

《大力弘扬教育家精神 为强国建设民族复兴伟业作出新的更大贡献》，《人民日报》2023 年 9 月 10 日。

《更好担负起新的文化使命 为强国建设民族复兴注入强大精神力量》，《人民日报》2023 年 6 月 8 日。

《关于实施中华优秀传统文化传承发展工程的意见》，《人民日报》2017 年 1 月 26 日。

《加强和改进国际传播工作 展示真实立体全面的中国》，《人民日报》2021 年 6 月 2 日。

《坚持中国特色社会主义教育发展道路 培养德智体美劳全面发展的社会主义建设者和接班人》，《人民日报》2018 年 9 月 11 日。

《坚定跟党走 奋进新时代 为党和国家事业发展作出新的更大的贡献》，《人民日报》2020 年 8 月 18 日。

《坚定文化自信秉持开放包容坚持守正创新 为全面建设社会主义现代化国家全面推进中华民族伟大复兴提供坚强思想保证强大精神力量有利文

化条件》，《人民日报》2023年10月9日。

《聚焦建设"五个中心"重要使命 加快建成社会主义现代化国际大都市》，《人民日报》2023年12月4日。

《论把握新发展阶段、贯彻新发展理念、构建新发展格局》，北京：中央文献出版社，2021。

《论党的宣传思想工作》，北京：中央文献出版社，2020。

《敏锐把握世界科技创新发展趋势 切实把创新驱动发展战略实施好》，《人民日报》2013年10月2日。

《铭记奋斗历程担当历史使命 从党的奋斗历史中汲取前进力量》，《人民日报》2021年6月19日。

《推动精神文明建设高质量发展 为强国建设民族复兴提供强大精神力量》，《人民日报》2025年5月24日。

《习近平给谢依特小学戍边支教西部计划志愿者服务队队员回信》，《人民日报》2025年5月4日。

《习近平向2023年世界互联网大会乌镇峰会开幕式发表视频致辞》，《人民日报》2023年11月9日。

《习近平向国际人工智能与教育大会致贺信》，《人民日报》2019年5月17日。

《习近平向世界中国学大会·上海论坛致贺信》，《人民日报》2023年11月25日。

《在新时代继承和弘扬伟大抗战精神 为实现中华民族伟大复兴而奋斗》，《人民日报》2020年9月4日。

《中共中央关于坚持和完善中国特色社会主义制度 推进国家治理体系和治理能力现代化若干重大问题的决定》，北京：人民出版社，2019。

《中共中央关于进一步全面深化改革、推进中国式现代化的决定》，《人民日报》2024年7月22日。

《中共中央国务院印发〈数字中国建设整体布局规划〉》，《人民日报》2023年2月28日。

《中国共产党第十九届中央委员会第五次全体会议公报》，北京：人民出版社，2020。

《中华人民共和国国民经济和社会发展第十四个五年规划和 2035 年远景目标纲要》，北京：人民出版社，2021。

全国人民代表大会常务委员会办公厅：《中华人民共和国第十三届全国人民代表大会第四次会议文件汇编》，北京：人民出版社，2021。

任仲平：《十年砥砺奋进 绘写壮美画卷——写在党的二十大胜利召开之际》，《人民日报》2022 年 10 月 15 日。

习近平：《高举中国特色社会主义伟大旗帜 为全面建设社会主义现代化国家而团结奋斗——在中国共产党第二十次全国代表大会上的报告》，北京：人民出版社，2022。

习近平：《加快建设教育强国》，《求是》2025 年第 11 期。

习近平：《加快建设文化强国》，《求是》2025 年第 8 期。

习近平：《建设中国特色中国风格中国气派的考古学 更好认识源远流长博大精深的中华文明》，《求是》2020 年第 23 期。

习近平：《紧紧围绕立德树人根本任务 朝着建成教育强国战略目标扎实迈进》，《人民日报》2024 年 9 月 11 日。

习近平：《决胜全面建成小康社会 夺取新时代中国特色社会主义伟大胜利——在中国共产党第十九次全国代表大会上的报告》，北京：人民出版社，2017。

习近平：《论把握新发展阶段、贯彻新发展理念、构建新发展格局》，北京：中央文献出版社，2021。

习近平：《论坚持人与自然和谐共生》，北京：中央文献出版社，2022。

习近平：《论教育》，北京：中央文献出版社，2024。

习近平：《锚定建成文化强国战略目标 不断发展新时代中国特色社会主义文化》，《人民日报》2024 年 10 月 29 日。

习近平：《努力成长为对党和人民忠诚可靠、堪当时代重任的栋梁之才》，《求是》2023 第 13 期。

习近平：《青年要自觉践行社会主义核心价值观——在北京大学师生座谈会上的讲话》，北京：人民出版社，2014。

习近平：《深化合作伙伴关系 共建亚洲美好家园——在新加坡国立大学的演讲》，北京：人民出版社，2015。

习近平:《携手同行现代化之路——在中国共产党与世界政党高层对话会上的主旨讲话》,北京:人民出版社,2023。

习近平:《在北京大学师生座谈会上的讲话》,北京:人民出版社,2018。

习近平:《在参观"'不忘初心、牢记使命'中国共产党历史展览"的讲话》,《人民日报》2021年6月18日。

习近平:《在第十二届全国人民代表大会第一次会议上的讲话》,《人民日报》2013年3月18日。

习近平:《在第十三届全国人民代表大会第一次会议上的讲话》,《人民日报》2018年3月21日。

习近平:《在纪念毛泽东同志诞辰120周年座谈会上的讲话》,《人民日报》2013年12月27日。

习近平:《在教育文化卫生体育领域专家代表座谈会上的讲话》,北京:人民出版社,2020。

习近平:《在欧美同学会成立100周年庆祝大会上的讲话》,《人民日报》2013年10月22日。

习近平:《在庆祝中国共产党成立100周年大会上的讲话》,《人民日报》2021年7月2日。习近平:《铸牢中华民族共同体意识 推进新时代党的民族工作高质量发展》,《求是》2024年第3期。

习近平:《在十八届中央政治局第九次集体学习时的讲话》,《人民日报》2013年10月2日。

习近平:《在文化传承发展座谈会上的讲话》,《求是》2023年第17期。

习近平:《在文艺工作座谈会上的讲话》,北京:人民出版社,2015。

习近平:《在哲学社会科学工作座谈会上的讲话》,《人民日报》2016年5月19日。

习近平:《在中国科学院第十九次院士大会、中国工程院第十四次院士大会上的讲话》,北京:人民出版社,2018。

习近平:《在中国文联十大、中国作协九大开幕式上的讲话》,北京:人民出版社,2016。

习近平:《在中央党校建校80周年庆祝大会暨2013年春季学期开学典礼上的讲话》,《人民日报》2013年3月3日。

习近平：《扎实推进教育强国建设》，《求是》2023 年第 18 期。

习近平：《致首届清华大学苏世民书院开学典礼的贺信》，《人民日报》 2016 年 9 月 11 日。

习近平：《致首届文化强国建设高峰论坛贺信》，《人民日报》2023 年 6 月 9 日。

习近平：《中国式现代化是强国建设、民族复兴的康庄大道》，《人民日报》 2023 年 3 月 4 日。

中共中央、国务院：《数字中国建设整体布局规划》，《人民日报》2023 年 2 月 28 日。

中共中央办公厅：《关于加快构建现代公共文化服务体系的意见》，北京： 人民出版社，2015。

《立志做党光荣传统和优良作风的忠实传人 在新时代新征程中奋勇争先建 功立业》，《人民日报》2021 年 3 月 2 日。

《习近平向全球文明对话部长级会议致贺信》，《人民日报》2025 年 7 月 11 日。

《习近平向 2024 年世界互联网大会乌镇峰会开幕视频致贺》，《人民日报》 2024 年 11 月 21 日。

《筑牢理想信念根基树立践行正确政绩观 在新时代新征程上留下无悔的奋 斗足迹》，《人民日报》2022 年 3 月 2 日。

《坚持党的领导传承红色基因扎根中国大地 走出一条建设中国特色世界一 流大学新路》，《人民日报》2022 年 4 月 26 日。

《坚定不移走中国人权发展道路 更好推动我国人权事业发展》，《人民日 报》2022 年 2 月 27 日。

《适应形势变化 把握战略重点 科学谋划"十五五"时期经济社会发展》， 《人民日报》2025 年 5 月 1 日。

《习近平致 2016"一带一路"媒体合作论坛的贺信》，《人民日报》2016 年 7 月 27 日。

习近平：《必须坚持自信自立》，《求是》2024 年第 14 期。

《中华人民共和国国民经济和社会发展第十四个五年规划和 2035 年远景目 标纲要》，北京：人民出版社，2021。

二 专著

《促进大数据发展行动纲要》，北京：人民出版社，2015。

《全球化背景下的大国治理——中青年改革开放论坛（莫干山会议·2014）
优秀文集》，北京：人民出版社，2015。

陈联俊：《网络社会国家凝聚力的变化与建设研究》，北京：人民出版社，
2019。

陈圣来等：《城市的秉性——大型特色活动与特色文化城市》，北京：人民
出版社，2020。

东缨：《教育大境界》，北京：北京大学出版社，2007。

杜越：《联合国教科文组织与全球教育治理——理念与实践探究》，北京：
教育科学出版社，2016。

高书生：《国家文化数字化战略怎样落地落实》，北京：人民出版社，2023。

郭昊龙：《科学、人文及其融合》，北京：高等教育出版社，2009。

〔德〕黑格尔：《精神现象学》（下卷），贺麟、王玖兴译，北京：商务印
书馆，1997。

黄富峰：《德育思维论》，北京：人民出版社，2006。

〔法〕亨利·列斐伏尔：《空间的生产》，刘怀玉等译，北京：商务印书馆，
2021。

〔美〕亨利·乔治：《进步与贫困》，吴良健、王翼龙译，北京：商务印书
馆，2010。

〔德〕康德：《纯粹理性批判》，邓晓芒译，北京：人民出版社，2004。

罗国杰：《伦理学》，北京：人民出版社，2005。

人民日报评论部：《深入学习贯彻习近平总书记在文化传承发展座谈会上
的重要讲话精神》，北京：人民出版社，2023。

首都精神文明建设委员会办公室编《平凡中的力量：北京榜样主题活动五
周年人物风采录》（2018），北京：人民出版社，2019。

田文军：《冯友兰传》，北京：人民出版社，2003。

汪信砚：《当代视域中的马克思主义哲学》，北京：人民出版社，2002。

王立胜、单继刚：《中国马克思主义哲学何以可能——首届中国马克思主

义哲学 30 人论坛演讲集》，北京：人民出版社，2023。

王学斌：《从文化古国迈向文化强国》，北京：人民出版社，2023。

〔美〕詹姆斯·雷切尔斯：《道德的理由》，杨宗元译，北京：中国人民大学出版社，2009。

张富文：《马克思主义人本思想中国化研究》，北京：人民出版社，2019。

中国行政体制改革研究会组织编写《数字政府建设》，北京：人民出版社，2021。

中华人民共和国国务院新闻办公室：《人类减贫的中国实践》，北京：人民出版社，2021。

中央党校（国家行政学院）中华文明与中国道路研究中心：《传承与发展——建设中华民族现代文明》，北京：人民出版社，2023。

（宋）朱熹著，（宋）黎靖德编《朱子语类》（第四册），武汉：崇文书局，2018。

三　期刊论文及报纸文章

柏路、包崇庆：《精神生活共同富裕的文化之维》，《思想理论教育》2022年第 12 期。

卞玉龙、韩磊、周超等：《虚拟现实社交环境中的普罗透斯效应：情境、羞怯的影响》，《心理学报》2015 年第 3 期。

程曼丽：《新时代中国价值的国际传播与国家形象建构》，《中国出版》2023年第 13 期。

代玉启：《推进精神生活共同富裕的理与路》，《社会科学家》2022 年第 11 期。

段妍、刘冲：《精神生活共同富裕：生成逻辑、时代内涵与现实进路》，《教学与研究》2023 年第 3 期。

樊丽明：《中国新文科建设的使命、成就及前瞻》，《中国高等教育》2022年第 12 期。

傅才武、高为：《精神生活共同富裕的基本内涵与指标体系》，《山东大学学报》（哲学社会科学版）2022 年第 3 期。

傅予、李博然等：《数字人文视角下文化资源数字化开发和传播要素与影响机理研究》，《图书情报工作》2023 年第 20 期。

宫玉涛、王先霞：《全球发展倡议与全球环境治理转型》，《党政研究》2024 年第 5 期。

顾海良：《共同富裕是社会主义的本质要求》，《红旗文稿》2021 年第 20 期。

郭卫华：《论精神生活共同富裕的道德之维》，《道德与文明》2023 年第 5 期。

郭玉杰、卢黎歌：《精神生活共同富裕的出场逻辑》，《理论月刊》2022 年第 11 期。

黄蓉生：《用社会主义核心价值观引领精神生活共同富裕》，《西南大学学报》（社会科学版）2023 年第 1 期。

黄鑫权：《习近平关于精神生活共同富裕重要论述的三重价值向度》，《学习论坛》2022 年第 5 期。

姜雯昱、曹俊文：《以数字化促进公共文化服务精准化供给：实践、困境与对策》，《求实》2018 年第 6 期。

荆学民：《道德信仰及其当代意义》，《求是学刊》2007 年第 1 期。

李辉、张议丹：《精神生活共同富裕的价值意蕴与实践路径》，《思想教育研究》2023 年第 5 期。

李建国、严春蓉：《论精神生活共同富裕的理论意涵及其实践路径》，《科学社会主义》2022 年第 4 期。

李忠军：《社会主义核心价值观与人民精神生活共同富裕》，《社会主义核心价值观研究》2022 年第 6 期。

廖小丹、吴艳东：《中国式现代化新道路视域下人的精神利益实现探析》，《理论导刊》2022 年第 9 期。

廖小琴：《精神生活共同富裕的价值意蕴、科学内涵与衡量指标》，《思想理论教育》2023 年第 6 期。

廖小琴：《思想政治教育促进精神生活共同富裕的逻辑理路》，《思想理论教育》2022 第 6 期。

刘向军：《促进人民群众物质生活和精神生活共同富裕》，《红旗文稿》2023 年第 5 期。

刘影：《论精神生活共同富裕与人的全面发展》，《世界社会主义研究》2022 年第 10 期。

罗会德：《促进人民精神生活共同富裕的时代价值与路径选择》，《西南民族大学学报》（人文社会科学版）2022 年第 12 期。

马振清、毛玉娟：《促进精神生活共同富裕：时代背景、目标要求与实践路径》，《毛泽东研究》2022 年第 5 期。

欧庭宇：《精神生活共同富裕的基本向度》，《理论导刊》2022 年第 11 期。

潘玉腾、金程远：《精神生活共同富裕的理论意蕴与实践路径》，《福建师范大学学报》（哲学社会科学版）2023 年第 2 期。

孙迪亮、张学亮：《人民精神生活共同富裕的样态要求与建构逻辑》，《当代世界社会主义问题》2023 年第 1 期。

王洪波：《实现人民物质生活与精神生活共同富裕：理论支撑、探索历程和实践方略》，《社会科学辑刊》2023 年第 2 期。

王金、孙迎联：《精神生活共同富裕的内涵要义、现存问题与优化路径》，《理论探索》2023 年第 1 期。

王习胜、狄瑞波：《"促进人民精神生活共同富裕"的思想政治教育意蕴》，《思想理论教育导刊》2022 年第 7 期。

魏泳安：《唯物史观视域下的精神生活共同富裕》，《社会主义核心价值观研究》2022 年第 3 期。

夏海燕：《论精神生活共同富裕的文化路径》，《江苏社会科学》2022 年第 6 期。

项久雨、范海群：《新时代坚持和弘扬伟大奋斗精神的逻辑起点、主体力量与实践推进》，《学校党建与思想教育》2021 年第 9 期。

项久雨、马亚军：《人民精神生活共同富裕的时代内涵、层次结构与实现进路》，《思想理论教育》2022 第 6 期。

辛世俊、王丹：《试论人民精神生活共同富裕的内涵与实践路径》，《社会主义核心价值观研究》2021 年第 6 期。

燕连福：《习近平关于精神生活共同富裕重要论述的生成逻辑、核心要义和实践路径》，《思想战线》2022 年第 5 期。

杨勇兵：《精神生活共同富裕的生成逻辑、科学内涵与实践路径》，《党政研究》2022 年第 5 期。

张驰：《新时代精神生活共同富裕的新语境和新要求》，《马克思主义理论学科研究》2023 年第 1 期。

张康之：《论信仰、道德与德治——社会秩序基础的转变》，《甘肃社会科学》2003 年第 4 期。

张小平：《构建健康向上繁荣有序的文娱生态》，《人民论坛》2024 年第 14 期。

张鑫炎：《精神生活共同富裕的社会主义核心价值观之维》，《思想政治教育研究》2022 年第 4 期。

张莹、蔡卫忠：《全媒体时代网络意识形态安全治理的路径选择》，《山东社会科学》2023 年第 6 期。

赵丽涛：《论精神生活共同富裕与丰富人民精神世界》，《科学社会主义》2023 年第 2 期。

郑玉豪、朱小玲：《文化消费主义对精神生活共同富裕的阻碍及其应对》，《云南大学学报》（社会科学版）2023 年第 1 期。

中华人民共和国国务院新闻办公室：《新时代的中国国家安全》，《人民日报》2025 年 5 月 13 日。

周典恩、方恺：《科学、人文与实践：马克思主义人类学的范式超越》，《社会科学研究》2023 年第 6 期。

周泉、刘同舫：《中国共产党对精神生活共同富裕的科学认知与价值追求》，《探索》2022 年第 5 期。

朱金德、武文颖：《网络时代道德敬畏感弱化问题研究》，《理论探索》2022 年第 5 期。

汪晓东等：《继往开来，重整行装再出发——习近平总书记讲过的长征故事》，《人民日报》2021 年 10 月 21 日。

《十年砥砺奋进 绘写壮美画卷——写在党的二十大胜利召开之际》，《人民日报》2022 年 10 月 15 日。

《为党育人 为国育才——党的十八大以来教育战线牢记习近平总书记嘱托推进教育改革发展综述》，《中国教育报》2022 年 10 月 15 日。

《总书记和青年朋友在一起》，《人民日报》2025 年 7 月 2 日。

四　外文文献

N. Kawai, X. Wang, N. Xue et al. , "Growth and Common Prosperity in China", *China World Economy* 30 （2022）.

N. Stratton, "Spiritual Prosperity and Learning Theory", *Research in Post-Compulsory Education* 16 （2011）.

U. N. M. Jamkhu et al. , "Processes of Modernization of Social and Spiritual Values", *Asian Journal of Research in Social Sciences and Humanities* 11 （2021）.

UNWTO, *Tourism Definitions* （World Tourism Organization, 2019）.

后　记

当今世界百年未有之大变局全方位、深层次加速演进，不稳定不确定因素明显增多，风险挑战加剧。越是面对挑战，我们越是要遵循历史唯物主义发展逻辑，结合当前社会转型特征，在更加开放的条件下实现人民生活更高质量的理想。马克思主义认为，重要的不是对于理想未来的美好憧憬，而是解决那些会阻碍这种理想实现的现实矛盾，创造美好未来所必需的物质条件，赋予人真正的自由和丰富多彩的生活，因为人类的自我实现是最重要的。在马克思看来，美好的生活不是工作而是休闲，但必须付出大量的努力，只有辛勤地工作，才能获得休闲时间。

回顾历史，人民精神生活共同富裕是文化建设守正创新的重要动力。立足当今，人民精神生活共同富裕是建设社会主义文化强国的现实要求。放眼未来，人民精神生活共同富裕是促进人类社会不断进步的时代要求。化解人类面临的突出矛盾和问题，需要依靠物质的手段攻坚克难，也需要依靠精神的力量诚意正心，从而为快速变化的世界注入确定性和稳定性。人民精神生活共同富裕是促进共同富裕总的思路中的重要内容。不断丰富人民的精神世界，使人民群众获得感、幸福感、安全感持续增强，使人民期待的美好生活图景愈发清晰，并提高全社会文明程度、促进人的全面发展、实现全体人民共同富裕，是中国式现代化的重要目标。促进人民精神生活共同富裕，为奋进新征程、建功新时代提供深邃的思想智慧、系统的价值引领、强大的教育力量以及充足的数字滋养，能为全面建设社会主义现代化国家、全面推进中华民族伟大复兴提供坚强思想保证与强大精神力量，也是本书力争要实现的目的。

本书坚持历史与逻辑相一致、理论与实践相统一、理想与现实相结合的原则，以马克思主义共同富裕思想和习近平新时代中国特色社会主义思想为研究视角，对人民精神生活共同富裕的若干重大问题进行综合性的研究，在思想智慧深化中分析价值感召、在价值引领中凝聚教育力量、以教育战略为导向创设数字路径，拓宽和提升对精神生活共同富裕实践的研究视野和深度，深化对人民精神生活共同富裕本质规律的认识，对增强全面建设社会主义现代化国家的精神文化动力进行系统的理论与实践探索。

《人民精神生活共同富裕研究》这部学术专著，系作者主持完成的教育部人文社会科学规划基金项目"人民精神生活共同富裕的理论意蕴与实现研究"（23YJA710002）的最终成果，亦是作者主持的重庆市教委人文社会科学基地重点项目"精神生活共同富裕丰富内涵及评价体系研究"（25SKJD027）的阶段性成果。

各章节分工如下：前言、第二章撰写人为白勤，第一、三章撰写人为陈燕，第四章撰写人为白勤（第一至三节）、袁海怡（第四节），第五章撰写人为李普怡、邢思琦。全书由白勤负责拟定篇章结构、统稿和审定。

诚挚感谢社会科学文献出版社的曹义恒老师、王小艳老师和各位编辑老师，没有他们的悉心指导，本书很难如期出版。同时，本书还参阅引用了许多专家学者的文献资料，在此一并致谢。书中难免存在不足之处，期待专家学者和广大读者纠错与批评，以待将来作进一步完善。

白　勤
2025 年 6 月于重庆

图书在版编目（CIP）数据

人民精神生活共同富裕研究／白勤等著.--北京：
社会科学文献出版社，2025.8.--ISBN 978-7-5228
-5354-3

Ⅰ.D648

中国国家版本馆 CIP 数据核字第 2025EE2048 号

人民精神生活共同富裕研究

著　　者／白　勤　等

出 版 人／冀祥德
责任编辑／王小艳
文稿编辑／陈彩伊
责任印制／岳　阳

出　　版／社会科学文献出版社·马克思主义分社（010）59367126
　　　　　地址：北京市北三环中路甲 29 号院华龙大厦　邮编：100029
　　　　　网址：www.ssap.com.cn
发　　行／社会科学文献出版社（010）59367028
印　　装／三河市东方印刷有限公司

规　　格／开 本：787mm×1092mm　1/16
　　　　　印 张：12.25　字 数：200 千字
版　　次／2025 年 8 月第 1 版　2025 年 8 月第 1 次印刷
书　　号／ISBN 978-7-5228-5354-3
定　　价／89.00 元

读者服务电话：4008918866